슬쩍 보는 헌법

슬쩍
보는
헌법

심독토 북클럽 지음

100문장으로 이해하는 헌법

들어가며

이 책은 보통 사람들에게 헌법의 지혜를 전하기 위한 책입니다.

오랜 기간 법을 공부하고 법을 업으로 하면서 헌법에는 사람과 세상을 이해할 수 있는 지혜가 담겨 있음을 알게 되었습니다. 헌법은 누구나 누려야 할 자유를 말하는 동시에 자유에도 한계가 있다고 말합니다. 헌법은 우리가 보살피고 돌아보아야 할 이웃에 대해 말하고, 누군가의 아픔을 어루만져 주기도 합니다. 헌법은 우리가 처한 현실을 있는 그대로 선언하는 동시에 우리가 나아갈 방향을 제시합니다.

대부분의 사람들은 헌법에 이런 지혜가 담겨 있다는 것을 알지 못합니다. 헌법에 관한 책들 대부분은 법조인이 되려는 사람들 또는 법조인들을 위한 책이거나 헌법재판소의 판결 자체를 설명하는 책입니다. 법을 만드는 정치인들도 헌법을 구호처럼 외칠 뿐 진짜 헌법의 지혜를 설명하지 않습니다.

이 책은 헌법의 가장 좋은 문장 100문장을 엄선한 책입니다.

헌법재판소는 1988년 9월 1일 개소한 이래 약 50,000건의 사건을 처리했습니다. 최근 5년간 월평균 200건 이상의 판결을 선고하고 있습니다. 한 사건당 열 문장만 썼였다고 계산하더라도 500,000문장이 넘을 겁니다. 헌법재판소는 이렇게 좋은 말을 쏟아내고 있습니다. 하지만 우리들은 그 많은 판결을 다 읽을 수도 없고, 사실은 읽을 필요도 없습니다.

우리 자신, 관계, 그리고 우리가 사는 세상을 이해하는 데에 꼭 필요한 헌법의 문장을 고르고 골라 100문장만을 엄선했습니다. 이 책에 담긴 100문장 정도만 읽어도 기본적인 헌법의 지혜를 알 수 있습니다.

이 책은 쉽고 가볍게 헌법의 지혜를 읽을 수 있는 책입니다.

헌법에 인문학 못지않은 지혜가 담겨 있지만, 헌법 판결문은 결코 쉽지 않습니다. 이 책에는 판결문의 문장을 읽기 쉽게 다듬고, 그 문장이 담긴 판결의 간단한 요지를 담았습니다. 법학전문대학원협의회에서 발간한 헌법표준판례 300여 개 중에서 판결을 선정했고, 합헌·위헌의 선고 결과까지 적혀 있어 헌법을 수험 과목으로 공부하는 사람들에게도 도움이 될 수 있습니다.

이어서 판결 문장을 해설하는 인문학적인 설명을 담았습니다. 판결문은 문장이 훌륭하지만 너무 압축적이고 간결해서 이해하기 어려운 경우가 있습니다. 이 점을 인문학적인 아이디어로 보완했습니다.

이와 함께 문장에 대한 이해를 도와주고, 때로는 재미와 온기를 줄 수 있는 그림을 그려 넣었습니다. 한 컷의 그림을 통해 잠깐 마음을 환기할 수 있습니다.

심독토 북클럽은 법조인들의 독서 토론 모임입니다.

저희는 오랜 시간 동안 변호사로 일하면서 철학, 정치학, 경제학, 심리학 등 다양한 분야의 책을 함께 읽고 토론해 왔습니다. 그 과정에서 저희가 읽은 인문학의 좋은 지혜는 법에도 모두 들어 있음을 알게 되었습니다.

하지만 대부분의 사람들은 법은 전문가들의 도구일 뿐이며, 특정한 상황에서 특정한 사람들에게만 필요한 것이라 생각하는 것 같아 안타까웠습니다. 사람들은 학교를 마치면 정작 사용할 일이 별로 없는 영어 공부에는 많은 시간을 들이지만, 법의 지혜를 익히는 데에는 관심이 없었지요. 물론 법의 지혜를 쉽게 전달하려는 노력이 부족했던 것도 이유일 것입니다.

법의 지혜를 익히면 우리 인생에서 해야 할 선택, 피해야 할 결정을 가려낼 수 있게 됩니다. 이 책을 통해 헌법의 지혜를 쉽고 재미있게 전달하려는 저희의 노력이 많은 사람들에게 닿기를, 그래서 독자분들의 인생이 조금 더 자유로워지기를 바랍니다.

제2장 아는 만큼 표현한다

제3장 다원적인 열린 사회

제4장 개개인의 자유 실현

제5장 같은 것은 같게, 다른 것은 다르게

제1장

인간을
목적으로 존중할 것

01

인간을 그 자체로서 목적으로 존중할 것

⚖️

인간의 존엄과 가치는
모든 인간을 그 자체로서 목적으로 존중할 것을 요구하고,
단순한 수단으로 취급하는 것을
허용하지 아니한다.

【구치소 내 과밀수용행위 위헌 사건】

인간으로서의 최소한의 품위를 유지할 수 없을 정도로 과밀한 공간에서 이루어진
구치소 수용행위는 인간으로서의 존엄과 가치를 침해하여 위헌

(헌법재판소 2016. 12. 29. 선고 2013헌마142)

인간을 수단으로 이용하지 않고 목적으로 존중한다는 것은
어떤 의미일까요?

예를 들어 누군가에게 제안을 할 때,
그 제안이 내게 도움이 되는지뿐만 아니라,
그 제안이 상대에게도 도움이 되는지 생각해 보아야 합니다.

내게 좋더라도 상대에게 좋지 않은 일이라면,
그런 제안은 하지 마세요. 위헌입니다.

02
헌법질서가 예정하는 인간상

우리 헌법질서가 예정하는 인간상은
사회공동체 안에서 각자의 생활을 자신의 책임 아래
스스로 결정하고 형성하는 성숙한 민주시민이다.

이는 사회와 고립된 주관적 개인이나
공동체의 단순한 구성분자가 아니라,
개인과 공동체의 상호연관 속에서 균형을 잡고 있는
인격체라 할 것이다.

【운전자 안전벨트 착용 의무화 합헌 사건】

안전벨트 착용 의무화는 교통사고로 인한 사회적인 비용을 줄여서 사회공동체 이익
을 증진시키기 위한 것이므로 합헌

(헌법재판소 2003. 10. 30. 선고 2002헌마518)

인간은,

각자 자유롭게 고유 가치를 유지하며 사는 존재이기도 하고,

공동체와의 상호연관 속에서 균형을 잡고 사는 존재이기도 합니다.

헌법은,

나의 개인적 자유와 고유한 가치를 음미할 수 있게 하고,

공동체에서의 역할과 책임을 숙고할 수 있게 합니다.

03

우리는 행복을 추구할 권리를 가진다

⚖️

헌법 제10조는 모든 국민은
행복을 추구할 권리를 가진다고 규정하여
행복추구권을 보장하고 있다.

행복추구권의 구체적인 표현으로서
일반적인 행동자유권과
개성의 자유로운 발현권을 포함한다.

【운전자 안전벨트 착용 의무화 합헌 사건】

안전벨트 착용 의무화는 교통사고로 인한 사회적인 비용을 줄여서 사회공동체 이익
을 증진시키기 위한 것이므로 합헌

(헌법재판소 2003. 10. 30. 선고 2002헌마518)

헌법에서의 행복추구권이란

자유롭게 행동하면서 살 권리(일반적인 행동자유권)와

개성을 발현하면서 살 권리(개성의 자유로운 발현권)를 말합니다.

04
국가의 간섭 없이 자유롭게 행복을 추구

헌법 제10조의 행복추구권은
국민이 행복을 추구하기 위하여 필요한 급부를
국가에게 적극적으로 요구할 수 있는 것이 아니라,

국민이 행복을 추구하기 위한 활동을
국가의 간섭 없이 자유롭게 할 수 있다는
포괄적인 의미의 자유권으로서의 성격을 가진다.

【임금채권 우선변제제도 합헌 사건】

근로자의 임금채권 우선변제제도는 수혜적인 성격을 가지는 데 불과하므로 이 제도
시행 전에 설정된 담보물권자에 대해서까지 우선적으로 보장되지 않는다고 하더라
도 합헌

(헌법재판소 2006. 7. 27. 선고 2004헌바20)

국가는 행복을 추구하기 위한 활동에 적극적으로 도움을 주지도,

간섭하지도 않겠다고 합니다.

행복은 각자가 알아서 끊임없이 추구하는 것이지

누군가 나타나 덥석 가져다주는 것이 아닌 모양입니다.

그래서 헌법도

'행복할' 권리가 아니라 '행복을 추구할' 권리라고 표현하나 봅니다.

아무리 아름다운 산이 있어도
산을 오르는 건 각자의 몫이야.

05

행동할 자유와 행동하지 않을 자유

일반적 행동자유권은
개인이 행위를 할 것인가 여부에 대하여
자유롭게 결단하는 것을 전제로 하여
인정되는 것이다.

일반적 행동자유권에는
적극적으로 자유롭게 행동을 하는 것은 물론
행동을 하지 않을 자유도 포함된다.

【자연공원 일부 지역 출입금지 합헌 사건】

공원관리청이 자연공원의 보호나 탐방객의 안전을 위하여 출입을 금지한 지역에 출입한 경우 과태료를 부과하는 조항은 합헌

(헌법재판소 2012. 2. 23. 선고 2010헌바99)

자유롭게 행동한다는 것은

어떤 일을 자유롭게 '하는' 것도 있지만

어떤 일을 자유롭게 '하지 않는' 것도 포함합니다.

당신은 오늘 무엇을 할 것인가요?

당신은 오늘 무엇을 하지 않을 것인가요?

때로는 당신이 하지 않은 그 행동이

당신을 자유롭게 하기도 합니다.

06
전동킥보드의 최고속도는 25km

제조·수입 가능한 전동킥보드의 최고속도를
시속 25km 이내로 제한함으로써

그보다 빠른 제품을 구매하지 못하여
소비자가 겪는 자기결정권 및
일반적 행동자유권의 제약에 비하여

소비자의 생명·신체에 대한 위해 및
도로교통상의 위험을 방지한다는 공익은 중대하다.

【전동킥보드 최고속도 제한 합헌 사건】

전동킥보드의 최고속도를 시속 25km로 제한한 것은 소비자의 자기결정권 및 일
반적 행동자유권을 침해하지 않아 합헌

(헌법재판소 2020. 2. 27. 선고 2017헌마1339)

전동킥보드의 속도제한은 얼마가 가장 적절할까요?

편의를 누리면서도 안전을 유지하는 최고 속도는 얼마일까요?

헌법재판소는 말합니다.

최적의 속도 제한이 얼마인지는 모르겠지만,

법률이 정한 시속 25km는 편의와 안전상 적절한 속도 제한이라고.

시속 25km 이상의 속도를 내고 싶다면

전동킥보드 말고 차라리 자동차를 타세요.

07
자기 운명을 스스로 결정할 권리

⚖️

인간은 누구나
자기 운명을 스스로 결정할 수 있는
자기결정권을 가진다.

【미군기지의 평택 이전 합헌 사건】

미군기지 평택 이전은 평택 지역에 거주하는 사람들의 삶에 영향을 미치게 될 수 있으나 개인의 인격이나 운명에 관한 사항은 아니며 또한 각자의 개성에 따른 개인적 선택에 직접적인 제한을 가하는 것도 아니므로 합헌

(헌법재판소 2006. 2. 23. 선고 2005헌마268)

사상가 마키아벨리는,

"운명은 아무런 역량이 갖추어져 있지 않은 곳에서 그 위력을 과시하고, 아무런 제방이 마련되어 있지 않은 곳을 덮친다."라고 했습니다.

오늘부터 역량을 조금씩 더 쌓아야겠습니다.

나는 나의 운명을 더 많이 결정하고 싶기 때문입니다.

08

삶의 방식에 관한 근본적인 결정을
자율적으로 내릴 수 있는 권리

자기결정권은
인간의 존엄성을 실현하기 위한 수단으로서

인간이 자신의 생활영역에서
인격의 발현과 삶의 방식에 관한
근본적인 결정을 자율적으로 내릴 수 있는 권리다.

【낙태죄 위헌 사건】

낙태를 전면적, 일률적으로 금지하고 형사처벌하는 것은 임신한 여성이 자신이 처한 상황에 대하여 숙고한 뒤 낙태 여부를 스스로 결정할 수 없게 하여 위헌(헌법불합치)

(헌법재판소 2019. 4. 11. 선고 2017헌바127)

철학자 사르트르는

"인간은 자유롭도록 선고되었다."라고 말했습니다.

내가 어디에서 뭘 하고 싶은지,

누구와 함께 어떤 일을 해야 행복한지,

어떤 가치를 실현하고 싶은지

스스로 결정하세요.

09
성행위 상대방을 결정할 수 있는 권리

개인의 자기운명결정권에는
성행위 여부 및 그 상대방을 결정할 수 있는
성적 자기결정권이 포함되어 있다.

성과 사랑은 개인에게 맡겨야 하는 문제로서
부부간의 정조의무를 위반한 행위가 비도덕적이기는 하나,
법으로 처벌할 사항은 아니다.

【간통죄 위헌 사건】

개인의 내밀한 성생활의 영역에 국가가 개입하여 형벌의 대상으로 삼는 것은 위헌

(헌법재판소 2015. 2. 26. 선고 2009헌바17)

성적 자기결정권이란,

성행위 여부와 성행위 상대방을 결정할 권한을 말합니다.

우리에게는 모두 성적 자기결정권이 있습니다.

성적 자기결정권의 기준을 나름대로 신중하게 숙고해 보세요.

권리는 기분 내키는 대로 행사하는 것이 아니며,

권리의 행사에 따른 모든 결과는

전적으로 자신이 책임져야 한다는 걸 잊지 마세요.

10

자기결정권과 자기 책임

자기결정권은
이성적이고 책임감 있는 사람의
자기의 운명에 대한 결정·선택을 존중하되
그에 대한 책임은 스스로 부담함을 전제로 한다.

【담배인삼공사 과잉책임 위헌 사건】

담배인삼공사에게 면세담배의 시중 판매에 대해서까지 책임을 지워 세금을 부담
시키는 것은 위헌

(헌법재판소 2004. 6. 24. 선고 2002헌가27)

나는

내 인생의 모든 것을 마음대로 결정할 수 있습니다.

그리고

마음대로 결정한 결과에 대해서는

내 인생의 일부로 받아들이고 전적으로 책임을 져야 합니다.

11
국민에 대한 국가의 보호의무

니코틴은 중추신경계에 작용하여 의존성과 관계가 있으나,
상당 부분이 심리적인 것이고 신체적 의존의 정도가 약하다.

담배의 의존성은 흡연을 할지 여부를
'자유의사'에 따라 선택하는 데에 일정 정도 영향을 미치지만,

마약류와 달리 이를 불가능하게 하거나
현저히 어렵게 할 정도라고 보기는 어렵다.

【담배사업법 합헌 사건】

담배 속 타르와 니코틴이 유해하다고 하나, 담배는 마약류와 달리 사람의 자유의
사에 따른 것이므로 국민의 안전에 대한 국가의 보호의무를 위반한 것이 아니므로
합헌

(헌법재판소 2015. 4. 30. 선고 2012헌마38)

헌법재판소의 검토 결과,

담배는 끊을 수 있다고 합니다.

상당 부분 심리적인 것이고 신체적 의존의 정도가 약하다고 합니다.

파이팅!

마약은 끊기가 현저히 어렵다고 합니다.

마약은 가까이도 하지 마세요.

절대로!

12

나의 시신에 대한 자기결정권

자신의 사후에
시체가 본인 의사와 무관하게 처리될 수 있다고 한다면
기본권 주체인 살아 있는 자의 자기결정권이
보장되고 있다고 보기는 어렵다.

따라서
본인의 생전 의사에 관계없이 인수자가 없는 시체를
해부용으로 제공하도록 규정한 이 사건 법률조항은
시체의 처분에 대한 자기결정권을 침해한다.

【무연고 시신의 해부용 시체 제공 위헌 사건】

사후 시체의 인수자가 없는 경우 생전에 본인의 시체가 해부용으로 제공되는 것에
대해 반대하는 의사표시를 할 절차를 마련하지 않은 것은 시체에 대한 자기결정권
을 침해하였으므로 위헌

(헌법재판소 2015. 11. 26. 선고 2012헌마940)

자기결정권은

자신의 사후에 시체에 대한 처리에까지 미칩니다.

자신의 운명에 대한 결정권자는

언제나 바로 자신임을 잊지 마세요.

내 죽음도 나의 것

13
인간 존재의 근원

⚖

인간의 생명은 고귀하고,
이 세상에서 무엇과도 바꿀 수 없는
존엄한 인간 존재의 근원이다.

생명에 대한 권리는
비록 헌법에 명문의 규정이 없다 하더라도
인간의 생존 본능과 존재 목적에 바탕을 둔
선험적이고 자연법적인 권리이다.

그러므로 생명권은
헌법에 규정된 모든 기본권의 전제로서 기능하는
기본권 중의 기본권이라 할 것이다.

【사형제 합헌 사건(1996년)】

사형수의 생명과 가치가 동일한 하나 또는 다수의 생명을 보호하기 위한 불가피한
수단으로서 사형제는 비례의 원칙에 반하지 아니하므로 합헌

(헌법재판소 1996. 11. 28. 선고 95헌바1)

아마도 이 세상이 먼저 존재하였고,

그 이후에 비로소 내가 태어났을 겁니다.

하지만 나의 생명이 있어야 이 세상도 의미가 있습니다.

따라서 내가 먼저 존재하였고,

그 이후에 비로소 세상이 생겨났다고 생각할 수도 있습니다.

내 생명은 내 존재의 근원이면서

이 세상 존재의 근원이기도 합니다.

14

생명을 법적으로 평가하면

일반 국민의 생명 보호나

매우 중대한 공익을 위해 불가피한 경우에는

비록 생명이 절대적 가치를 지닌 것이라 하더라도

생명에 대한 법적 평가가 예외적으로 허용될 수 있다.

한 인간에게 있어서

가장 소중한 생명을 박탈하는 내용의 사형은

인간의 생존 본능과 죽음에 대한 근원적인 공포까지 고려하면,

무기징역형이나 가석방이 불가능한 종신형보다

더 큰 위하력을 발휘함으로써

가장 강력한 범죄억지력을 가지고 있다.

【사형제 합헌 사건(2010년)】

사형은 극악한 범죄에 대하여 한정적으로 부과되는 형벌로서 범죄의 잔혹함에 비하여 과도하다고 볼 수 없으므로 여전히 합헌

(헌법재판소 2010. 2. 25. 선고 2008헌가23)

사형제에 찬성하시나요?

사형제는
극악한 범죄를 당한 피해자 가족들의 형언할 수 없는 슬픔과
고통에 상응하는 정당한 보복(정당한 응보)입니다.

사형제는
냉엄한 형벌의 본보기(위하력)를 보여서 잠재적 범죄자나
일반 국민이 감히 범죄를 저지르지 못하게 합니다.

제 생각이냐구요?
헌법재판소의 생각입니다.

15

죽음이란 삶의 또 다른 형태

죽음이란

삶을 살아가는 인간이

피할 수 없는 인간 실존의 한 영역이다.

죽음이란

삶의 마지막 과정에서 겪게 되는

삶의 또 다른 형태라 할 것이므로

모든 인간은 죽음을 맞이하는 순간까지

인간으로서의 존엄과 가치를 유지할 권리를 보장받아야 한다.

【국회의 연명치료중단법률 미입법 합헌 사건】

연명치료를 중단하고 자연스러운 죽음을 맞이하는 문제는 공론화 과정을 거친 후
비로소 국회가 추진할 사항으로서 법률을 제정하지 아니하였더라도 합헌

(헌법재판소 2009. 11. 26. 선고 2008헌마385)

헌법재판소에서 말하길,

죽음은 삶의 마지막 과정에서 겪는 삶의 또 다른 형태이므로

죽음을 맞이하는 순간까지 인간의 존엄을 보장받아야 한다고 합니다.

이토록 소중한 삶,

하루하루 정성껏 살아야 하겠습니다.

16
죽음의 방식과 시기에 대한 결정의 존중

인간이 스스로 꾸려가는 자기 삶의 대서사시에서
죽음은 그 개인과 가족에게 영향을 미칠 수 있는
마지막 사건이다.

개인이 죽음의 방식과 시기에 대하여 내린 결정은
자신이 걸어온 삶 자체의 결론으로서
후손들에게 기억되길 바라는 것이고,

이러한 삶의 이상은
그 개인의 존엄성과 긴밀한 연관성이 있기 때문에
우리의 공동체가 최대한 존중하여야 하는 것이다.

【국회의 연명치료중단법률 미입법 합헌 사건(별개의견)】

연명치료를 중단하고 자연스러운 죽음을 맞이하는 문제는 공론화 과정을 거친 후
비로소 국회가 추진할 사항으로서 법률을 제정하지 아니하였더라도 합헌

(헌법재판소 2009. 11. 26. 선고 2008헌마385)

지금 사는 순간은

그저 그런 순간이 아니라

내 삶의 대서사시 중 한 장면입니다.

드라마와 같은 우리 삶의 대서사시가

해피 엔딩이기를!

나는 내 인생의 주인공

17
흡연권과 혐연권

⚖️

흡연자들의 흡연권이 인정되듯이,
비흡연자들에게도 흡연을 하지 아니할 권리
또는 흡연으로부터 자유로울 권리가 인정된다.

흡연권은 사생활의 자유를 실질적 핵으로 하는 것이고,
혐연권은 사생활의 자유뿐만 아니라
생명권에까지 연결되는 것이므로
혐연권이 흡연권보다 상위의 기본권이라 할 수 있다.

결국 흡연권은 혐연권을 침해하지 않는 한에서 인정되어야 한다.

【금연구역 지정 합헌 사건】

금연구역 지정은 흡연자들의 흡연권을 최소한도로 침해할 뿐이므로 합헌

(헌법재판소 2004. 8. 26. 선고 2003헌마457)

담배를 피우는 친구가 있다면 이렇게 얘기해 주세요.

"나의 혐연권은 너의 흡연권보다 상위의 기본권이니
나의 혐연권을 침해하지 않는 범위에서 너의 흡연권이 인정될 뿐이야."

담배를 피우는 사람의 흡연권은 사생활의 자유에 근거할 뿐이지만,
담배를 피하는 사람의 혐연권은 사생활의 자유만이 아니라
건강권과 생명권에도 근거하기 때문이라고 말입니다.

제2장

아는 만큼
표현한다

18

강력하고 진지한 마음의 소리

양심 가운데서도 특히 헌법이 보호하려는 양심은

어떤 일의 옳고 그름을 판단하고
그에 따라 행동하지 않고서는
자신의 인격적 존재가치가 허물어지고 말 것이라는
강력하고 진지한 마음의 소리로서,

진지하고 절박한 구체적인 양심이지
막연하고 추상적인 개념으로서의 양심이 아니다.

【양심적 병역거부 위헌 사건】

현역복무와 대체복무 사이에 복무의 난이도나 기간을 조정하여 형평성을 확보할 수
있고 대체복무로서 공익 업무에 종사시킬 수도 있으므로 대체복무제를 규정하지 아
니한 병역법은 양심적 병역거부자의 양심의 자유를 침해하므로 위헌(헌법불합치)

(헌법재판소 2018. 6. 28. 선고 2011헌바379)

양심이란 무엇일까요?

옳고 그름에 대한 판단 중에서도

그러한 판단에 따라 행동하지 않고서는 자신의 인격적 존재가치가

허물어지고 말 것이라는 강력하고 진지한 마음의 소리를 말합니다.

우리가 흔히 사용하는 '양심'이라는 말에는

이렇게 무거운 의미가 담겨 있습니다.

19

양심은 개인적 인격의 정체성과
동일성을 유지하는 것

⚖️

우리 헌법상 양심의 자유의 기능은
개인적 인격의 정체성과 동질성을 유지하는 데 있다.

'양심상의 결정'이란
선과 악의 기준에 따른 모든 진지한 윤리적 결정으로서
양심상의 심각한 갈등이 없이는
그에 반하여 행동할 수 없는 것을 말한다.

【양심적 병역거부 위헌 사건】

현역복무와 대체복무 사이에 복무의 난이도나 기간을 조정하여 형평성을 확보할 수
있고 대체복무로서 공익 업무에 종사시킬 수도 있으므로 대체복무제를 규정하지 아
니한 병역법은 양심적 병역거부자의 양심의 자유를 침해하므로 위헌(헌법불합치)

(헌법재판소 2018. 6. 28. 선고 2011헌바379)

결코 타협할 수 없고 포기할 수 없는

자신만의 진지한 윤리적 결정.

당신은 그런 것을 가지고 있는가요?

20

개인적인 의견이
모두 양심의 문제인 것은 아니다

보호되어야 할 양심에는 세계관·인생관·주의·신조 등은 물론,
개인의 가치적·윤리적 판단도 포함될 수 있다.

그러나 단순한 사실관계의 확인과 같이
가치적·윤리적 판단이 개입될 여지가 없는 경우는 물론,
개인의 인격형성과는 관계가 없는 사사로운 사유나 의견 등은
그 보호대상이 아니라고 할 것이다.

【공정거래위원회 법위반사실 공표명령 위헌 사건】

공정거래법 위반행위를 한 사업자단체에 대해 법위반 사실을 공표하도록 한 규정
은 양심의 자유는 침해하지 않으나, 일반적 행동의 자유 및 명예권을 침해하여 위헌

(헌법재판소 2002. 1. 31. 선고 2001헌바43)

우리는 과학의 시대에 살고 있습니다.

과학으로 증명되는 객관적 사실을 회피하기 위해서

양심의 자유로 도피해서는 안 됩니다.

우리는 문명의 시대에 살고 있습니다.

보편적으로 인정되는 가치를 외면하기 위해서

양심의 자유를 남용해서도 안 됩니다.

21

외면하기 고통스러운 혜택의 포기

⚖️

법적으로 의무를 강제하는 것이 아니라
단순한 혜택을 주는 문제에 그칠 경우에는

비록 그 혜택이 절실한 것이어서
이를 외면하기가 고통스럽다고 하더라도
이는 스스로의 선택의 문제일 뿐,
이미 양심의 자유의 침해와는 아무런 관련이 없다.

【준법서약서 합헌 사건】

국가보안법위반자의 가석방 심사 시 준법서약서 제출을 요구하는 것은 가석방의
혜택을 포기하면 되는 것이어서 양심의 자유를 침해할 여지가 없어서 합헌

(헌법재판소 2002. 4. 25. 선고 98헌마425)

우리의 인생은 의무와 혜택으로 이루어져 있습니다.

의무와 혜택을 엄연히 구분해서 생각해 볼 필요가 있습니다.

열심히 학교에 가고, 회사에 출근하는 것이 의무라고 생각되나요?

열심히 사는 것은 의무감 때문만은 아닙니다.

그것이 혜택을 주기 때문입니다.

아침에 일어나서 직장이나 학교에 가는 이유는?

그곳에 가야 할 의무 때문인가요,

나에게 혜택이 있기 때문인가요?

22
양심의 자유의 제한

⚖️

양심형성의 자유와 양심적 결정의 자유는
내심에 머무르는 한
절대적 자유라고 할 수 있지만,

양심실현의 자유는
국가안전보장·질서유지 또는 공공복리를 위하여
법률에 의하여 제한될 수 있는
상대적 자유라고 할 수 있다.

【국가보안법 불고지죄 합헌 사건】

국가의 존립과 안전에 저해가 되는 죄를 범한 자임을 알고서도 수사기관에 고지하
지 아니하는 행위(불고지)를 형사처벌하더라도 국가의 존립과 안전이라는 법익의
중요성에 비추어 볼 때 양심의 자유의 본질적 내용에 대한 침해는 아니므로 합헌

(헌법재판소 1998. 7. 16. 선고 96헌바35)

양심의 자유와 호감(좋아하는 감정)의 자유는 비슷하네요.

그(녀)를 좋아하는 감정이 당신의 마음속에 머무르는 한,

어떤 누구도 상관할 수 없는 당신만의 절대적 자유입니다.

그러나 그 감정을 표현하는 순간부터는 달라집니다.

좋아하는 감정을 표현했지만, 상대방이 받아들이지 않는다면

그 감정은 자제되어야 합니다.

이젠 상대적 자유이므로 법률에 의해 제한될 수 있습니다.

23

음주측정은 양심의 문제가 아니다

음주측정에 응해야 할 것인지, 거부해야 할 것인지
그 상황에서 고민에 빠질 수는 있겠으나

그러한 고민은
선(善)과 악(惡)의 범주에 관한
진지한 윤리적 결정을 위한 고민이라 할 수 없으므로

그 고민 끝에 어쩔 수 없이 음주측정에 응하였다 하여
내면적으로 구축된 인간 양심이 왜곡·굴절된다고 할 수도 없다.

【음주측정강제 합헌 사건】

음주측정 요구와 거부는 양심의 자유의 보호영역에 포함되지 않으므로 합헌

(헌법재판소 1998. 5. 28. 선고 96헌가11)

음주측정은 양심의 문제가 아닙니다.

거부할지 말지 고민하지 마세요.

양심을 말하기에 앞서 그것이 선과 악의 범주에 관한

진지한 윤리적 고민인지 생각해 보세요.

24

사죄의 강제는 이중인격의 강요인 것

사죄광고의 강제는
양심도 아닌 것을 양심인 것처럼 표현할 것을 강제하는 것이다.

즉 인간 양심의 왜곡·굴절이고
겉과 속이 다른 이중인격 형성의 강요인 것으로서

침묵의 자유의 파생인
양심에 반하는 행위의 강제 금지에 저촉되는 것이다.

【사죄광고강제 위헌 사건】

법원의 판결로 사죄광고를 명하고 이를 강제집행 하도록 하는 것은 양심의 자유를
침해하여 위헌

(헌법재판소 1991. 4. 1. 선고 89헌마160)

사과를 강요하는 것은 위헌입니다.

사과할 마음이 있어야 사과를 하는 것이고,

사과할 마음이 없는 자에게 사과를 강요할 수 없습니다.

다만,

그는 사과하지 않는 데에 따른 '불이익'을 감수하게 될 겁니다.

문명사회는 사과와 굴욕을 강제할 수 없으며,

단지 잘못에 대해 불이익을 줄 수 있을 뿐입니다.

25
종교의 자유는 다른 기본권에 비해 고도로 보장되어야 한다

⚖

종교의 자유는

양심의 자유 등과 더불어

우리 헌법이 최고의 가치로 상정하고 있는

도덕적·정신적·지적 존재로서의

인간의 존엄성을 유지하기 위한 기본조건이고

민주주의체제가 존립하기 위한 불가결의 전제로서

다른 기본권에 비하여 보다 고도로 보장되어야 한다.

【사립고등학교의 강제 종교교육 위법 사건】

사립고등학교에서 학생들이 자유롭게 대체과목을 선택하거나 종교교육 참여를
거부할 수 없도록 하는 강제적인 종교교육은 위법

(대법원 2010. 4. 22. 선고 2008다38288)

복잡한 세상,

아직 이해할 수 없는 것이 너무 많습니다.

도저히 이해할 수 없는 일은

종교에 맡겨 두는 것도 하나의 방법이겠네요.

26

진리와 사랑에 기초한 보편적 교양인

대학교의 예배는
복음 전도나 종교인 양성에 직접적인 목표가 있는 것이 아니고,

신앙을 가지지 않을 자유를 침해하지 않는 범위 내에서
학생들에게 종교교육을 함으로써
진리·사랑에 기초한 보편적 교양인을 양성하는 데
목표를 두고 있다고 할 것이므로,

헌법상 종교의 자유에 반하는 것이 아니다.

【사립대학의 채플수업 합헌 사건】

사립대학에서 채플수업을 졸업요건으로 하였더라도 종교의 자유를 침해하지 않으므로 합헌

(대법원 1998. 11. 10. 선고 96다37268)

대학교 종교수업에서

예배를 하라고 해서 하기는 했습니다.

그때 신을 만나지는 못했지만,

그때 신을 만났더라도 초면이라 어색했을 것입니다.

저는 천천히 알아가는 스타일이거든요.

27
군대에서 종교행사 하기

육군훈련소가 개신교, 천주교, 불교, 원불교
4개 종교만을 특정하여
군인들로 하여금 그 종교행사에 참석하도록 강제한 것은
국가의 종교에 대한 중립성을 위반하여
특정 종교를 우대하는 것으로서 허용될 수 없다.

【육군훈련소 종교행사 참석강제 위헌 사건】

육군훈련소 병사들에게 개신교, 천주교, 불교, 원불교 종교행사 중 하나에 반드시
참석하도록 한 행위는 종교의 자유를 침해하여 위헌

(헌법재판소 2022. 11. 24. 선고 2019헌마941)

철학자 파스칼은

무신론자가 되는 것보다 종교를 갖는 것이 유리하다고 합니다.

언젠가 우리가 죽음을 맞이할 때

실제로 신이 없다면, 살아생전의 노력이 무용해지겠지만

실제로 신이 있다면, 구원이라는 횡재를 얻기 때문이라고 합니다.

하지만 파스칼이 놓친 것이 있네요.

죽은 후 만나는 신이 내가 믿는 신이 아니라면?

신의 질투로 무신론자보다 더 큰 고초를 겪게 될 수도 있어요.

28

아프가니스탄에서 선교하기

종교전파의 자유는
국민에게 그가 선택한 임의의 장소에서
자유롭게 행사할 수 있는 권리까지 보장한다고 할 수 없으며,

그 임의의 장소가 대한민국의 주권이 미치지 아니하는 지역,
나아가 국가에 의한 국민의 생명·신체 및 재산의 보호가
강력히 요구되는 해외 위난지역인 경우에는 더욱 그러하다.

[테러위험지역으로의 출국금지 합헌 사건]

아프가니스탄 등 테러위험이 있는 해외위난지역으로 출국을 금지한 것은 국민의
생명 보호의 공익이 훨씬 크므로 종교의 자유를 침해하지 않아 합헌

(헌법재판소 2008. 6. 26. 선고 2007헌마1366)

국가의 주권이 미치지 않는 위험한 그곳에서는

국가는 당신의 종교의 자유를 보호해 줄 수 없습니다.

위험한 그곳에서의 당신의 종교의 자유는

당신이 믿는 신에게 맡기겠습니다.

29

학문의 연구는 기존의 사상과
가치에 대해 의문을 제기하는 것

⚖️

학문의 연구는
기존의 사상 및 가치에 대하여 의문을 제기하고
비판을 가함으로써 이를 개선하거나 새로운 것을
창출하려는 노력이므로

그 연구의 자료가
현재 받아들여지고 있는 기존의 사상 및
가치체계와 상반되거나
저촉된다고 하여도 용인되어야 할 것이다.

【반공법 위반 서적 보관 무죄 사건】

학문 연구의 자료가 현재 사회에서 받아들여지고 있는 기존의 사상 및 가치와 저촉되어도 학문 연구의 목적으로 인정되는 경우 반국가단체를 이롭게 하는 목적이라고 볼 수 없어서 무죄

(대법원 1982. 5. 25. 선고 82도716)

이렇게 이곳 지구는 조용해서,

오랫동안 태양이 지구 주위를 돌고 있는 줄 알았는데,

기존의 사상과 가치에 의문을 제기한 학자들 덕분에

지구가 태양 주위를 돌고 있다는 사실을 알게 되었습니다.

30
사상의 경쟁메커니즘

⚖️

언론·출판의 영역에서
국가는 단순히 어떤 표현이 가치 없거나
유해하다는 주장만으로
그 표현에 대한 규제를 정당화시킬 수는 없다.

그 표현의 해악을 시정하는 1차적 기능은
시민사회 내부에 존재하는
사상의 경쟁메커니즘에 맡겨져 있기 때문이다.

【음란물 규제 합헌 사건(1998년)】

음란한 간행물의 출판 금지는 '음란' 개념이 명확하여 합헌이며 저속한 간행물의
출판 금지는 '저속' 개념이 불명확하여 위헌

(헌법재판소 1998. 4. 30. 선고 95헌가16)

일단 세상의 여론에 맡겨 봅시다.

불량 상품이 시장에서 자유경쟁에 의하여 외면받게 되듯이
무가치하고 유해한 의견은 사상의 자유시장에서 외면받게 될 겁니다.

존 밀턴의 '사상의 자유시장 이론'을 믿어 봅시다.

31

혐오 표현은 회복하기 어려운
피해를 남긴다

⚖️

차별적 언사나 행동, 혐오적 표현은
표현의 상대방뿐만 아니라 다른 사회 구성원에게
영향을 미치며, 이를 통해 적대감을 유발시킴으로써
특정집단의 가치를 부정한다.

차별·혐오 표현으로 인간의 존엄성이 침해될 경우
회복되기 어려운 피해를 남기게 되므로
이를 금지하는 것은
헌법상 인간의 존엄성 보장 측면에서 긴요하다.

【차별·혐오 표현 금지 조례 합헌 사건】

차별적 언행과 혐오적 표현을 금지하고 불이익을 주는 서울특별시 학생인권조례
는 표현의 자유를 침해하는 것이 아니어서 합헌

(헌법재판소 2019. 11. 28. 선고 2017헌마1356)

차별·혐오표현에 대항해서 싸울 준비가 되어 있나요?

여러분들도 이 전투에 참여해 주세요.

헌법과 상식이 우리를 지원할 겁니다.

32

학생에 대한 차별·혐오 표현 금지

학생을 대상으로 한 차별·혐오 표현은
인간으로서의 존엄성을 침해함으로써
교육의 기회를 통해 신장시킬 수 있는
학생의 정신적·신체적 능력을 훼손하거나
심지어 파괴할 수 있다.

판단능력이 미성숙한 학생들의 인격이나 가치관 형성에
부정적인 영향을 미치는 것을 차단하기 위해서는
학내에서 이러한 행위를 규제할 필요가 크다.

【차별·혐오 표현 금지 조례 합헌 사건】

차별적 언행과 혐오적 표현을 금지하고 불이익을 주는 서울특별시 학생인권조례
는 표현의 자유를 침해하는 것이 아니어서 합헌

(헌법재판소 2019. 11. 28. 선고 2017헌마1356)

차별·혐오 표현은

그 표현의 대상이 되는 사람의 정신을 파괴하면서

그 표현을 하는 사람의 인격 또한 갉아 먹는 것입니다.

학내 차별·혐오 표현을 엄격히 금지하여

판단력이 미성숙한 학생들 모두를 보호해야 합니다.

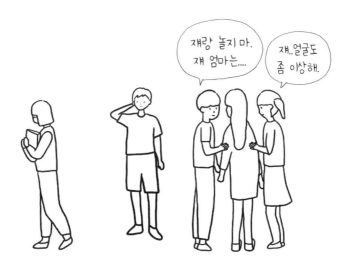

33

광고물도 언론·출판의 자유에 의해 보호된다

⚖

헌법은 제21조 제1항에서
"모든 국민은 언론·출판의 자유를 가진다."라고 규정하여
현대 자유민주주의의 존립과 발전에 필수불가결한 기본권으로
언론·출판의 자유를 강력하게 보장하고 있는바,

광고물도 사상·지식·정보 등을
불특정다수인에게 전파하는 것으로서
언론·출판의 자유에 의한 보호를 받는 대상이다.

【자동차소유자의 타인 광고금지 합헌 사건】

자동차소유자 자신에 관한 광고만 허용하고 타인에 관한 무제한적인 광고는 금지
한 것은 교통 안전과 도시 미관을 지키기 위한 적정한 조치로서 합헌

(헌법재판소 2002. 12. 18. 선고 2000헌마764)

광고는

상품의 품질, 가격 등의 정보를 제공합니다.

상품에 가치를 부여하고 문화를 주도합니다.

소비자를 오도하거나 공정경쟁을 저해하기도 하고

대중문화를 왜곡된 방향으로 변질시킬 수도 있습니다.

그나저나 이 책은 어느 광고를 보고 사셨나요?

34

숙취해소 음료 = 음주 조장?

"음주전후", "숙취해소"라는 표시는
이를 금지할 만큼 음주를 조장하는 내용이라 볼 수 없고,

숙취해소 작용이 있음에도 이러한 표시를 금지하면
정확한 정보 제공을 차단함으로써
숙취해소의 기회를 국민으로부터 박탈하는 결과를 초래하므로,

"음주전후", "숙취해소"라는 광고표현 금지는
영업의 자유 및 광고표현의 자유를 침해하는 것이다.

【음주전후, 숙취해소 광고표시금지 위헌 사건】

음주전후, 숙취해소라는 광고표현은 음주를 조장하는 것이 아니라 상품에 관한 정보를 제공하는 것이어서 이를 금지하는 것은 위헌

(헌법재판소 2000. 3. 30. 선고 99헌마143)

숙취해소 식품 광고를 과신해서 과음하는 사람은 없겠지요?

음주는 책임질 수 있는 정도만!

35

아는 만큼 표현한다

자유로운 의사의 형성은
정보에의 접근이 충분히 보장됨으로써
비로소 가능한 것이다.

그러한 의미에서 정보에의 접근·수집·처리의 자유,
즉 '알 권리'는 표현의 자유와 표리일체의 관계에 있다.

【형사소송기록 복사거부 위헌 사건】

확정 형사소송기록의 복사 신청을 거부하는 것은 국민의 알 권리를 침해한 것이므로 위헌

(헌법재판소 1991. 5. 13. 선고 90헌마133)

아는 만큼 보입니다.

아는 만큼 이해합니다.

아는 만큼 믿습니다.

보고, 이해하며, 믿으며

이 세상을 살아갑니다.

36
방송과 대중조작

방송매체는 강한 호소력이 있고,
경우에 따라서는 대중조작이 가능하여
방송매체에 대한 사회적 의존성이 증가하는 추세이다.

이러한 방송매체의 특수성 때문에
방송이 어떤 정당이나 이익단체 등의
의사를 대변하는 세력으로 결집될 가능성과
여론에 대한 영향력 행사를 목적으로 오용될 위험성 또한
부정할 수 없다.

【시청자에 대한 사과규정 위헌 사건】

심의규정을 위반한 방송사업자에게 제재가 필요하지만, '주의 또는 경고'만으로도
언론사의 공적 책무에 대한 인식을 제고시킬 수 있음에도 시청자에 대한 사과를
강제한 것은 법인인 방송사업자의 인격권을 침해하여 위헌

(헌법재판소 2012. 8. 23. 선고 2009헌가27)

당신은 여론을 형성하고 조작하려고 하지만
동시에 여론으로부터 강하게 영향을 받기도 합니다.

당신은 당신만의 유튜브 알고리즘을 만들어 내고 있지만,
그 유튜브 알고리즘은 당신의 취향을 다시 설계하고 강화합니다.

37
집권세력의 정책에 반대의사를 표시

⚖

모든 국민은 자신의 정치적 의견과 정치사상을
외부에 표현할 정치적 표현의 자유를 가진다.

집권세력의 정책 등에 대하여
정치적인 반대의사를 표시하는 것은
헌법이 보장하는 정치적 자유의 가장 핵심적인 부분이다.

【문화예술계 블랙리스트 작성 위헌 사건】

대통령의 지시에 따라 정부에 비판적 활동을 한 문화예술인들의 정치적 견해에 관
한 정보를 수집하고, 정부의 문화예술 지원사업에서 배제한 행위는 표현의 자유
및 평등권을 침해하여 위헌

(헌법재판소 2020. 12. 23. 선고 2017헌마416)

누구나 비난과 비판을 참기는 쉽지 않습니다.

하지만 당신이
자신에 대한 비판을 여전히 잘 참고 있다면
그것만으로도 당신은 계속 성장하고 있는 것입니다.

38
검열이 금지되는 이유

검열제가 허용될 경우에는

국민의 예술 활동의 독창성과 창의성을 침해하여
정신생활에 미치는 위험이 클 뿐만 아니라

행정기관이 집권자에게 불리한 내용의 표현을
사전에 억제함으로써 관제의견이나
지배자에게 무해한 여론만이 허용되는 결과를
초래할 염려가 있기 때문에

헌법이 직접 그 금지를 규정하고 있는 것이다.

【영화 사전심의제 위헌 사건】

행정권의 사전허가를 거치지 아니한 영화를 상영 금지하도록 하는 것은 검열제도
이므로 위헌

(헌법재판소 1996. 10. 4. 선고 93헌가13)

가짜뉴스에 대해 정부의 사전 검열(보도금지 조치)은 위헌입니다.

가짜뉴스에 대한 법원의 사후 처벌(명예훼손 처벌)은 합헌입니다.

잠들기 전 '이불킥'에 의한 자기 검열도 합헌입니다.

39

교육도 능력에 따라 균등하게

헌법은 제31조 제1항에서 "능력에 따라 균등하게"라고 하여
교육영역에서 평등원칙을 구체화하고 있다.

취학의 기회에 있어서 고려될 수 있는 차별기준으로
'능력'을 제시함으로써,
능력 이외의 다른 요소에 의한 차별을
원칙적으로 제한하고 있다.

【수시모집 지원 제한 위헌 사건】

검정고시 출신자에 대해 수시모집 지원을 제한한 입시요강은 균등하게 교육을 받을 권리를 침해하여 위헌

(헌법재판소 2017. 12. 28. 선고 2016헌마649)

모든 사람은 균등하게 교육받아야 합니다.

그러나 '능력'에 따라 차별할 수 있습니다.

오로지 능력으로만 평가받는 사회,

고달픈 마음이 들지만 희망을 가질 수 있습니다.

능력이 아닌 다른 것으로 평가받는 사회,

훨씬 더 고달픈 사회가 될 것이기 때문입니다.

40

경제적 차별 없이 공부하는 데 필요한 비용

의무교육에 있어서 학교교육에 필요한 모든 부분을
무상으로 제공하는 것이 바람직한 방향이라고 하겠으나,
국가의 재정상황 역시 도외시할 수 없으므로,

원칙적으로 의무교육 무상의 범위는
모든 학생들이 의무교육을 받음에 있어서
경제적인 차별 없이 수학하는 데
반드시 필요한 비용에 한한다고 할 것이다.

【중학교 급식경비부담 합헌 사건】

의무교육인 중학교 학생의 학부모에게 급식비용 일부를 부담하게 한 규정은 의무
교육의 무상원칙을 위반하지 않아 합헌

(헌법재판소 2012. 4. 24. 선고 2010헌바164)

학교교육에 필요한 모든 것이 무상이 되는 그날은 언제일까요?

국민의 교육 기회가 평등해지는,

과연 그날은 올까요?

41

평생 배울 수 있다면

모든 국민은
학교의 정규교육과정을 받는 것을 원칙으로 하되,
그 보충적·보완적 방법으로 평생교육제도가 마련되어 있다.

평생교육은 학교교육 이외에
취미활동이나 취업 등을 이유로 한
계속학습의 형태로 이해되고 있으며,
교육제도의 형성에 관하여 입법자의 정책적 선택권은
널리 인정된다고 할 것이다.

【평생교육시설 입학연령제한 합헌 사건】

고등학교학력인정의 평생교육시설은 정규 학교 과정에 진학하지 못한 근로청소년·성인 등을 위한 시설로 16세 미만의 자에게 입학자격을 부여하지 아니한 것은 현저하게 불합리한 차별이라고 볼 수 없어 합헌

(헌법재판소 2011. 6. 30. 선고 2010헌마503)

'공부는 때가 있다'고들 말하지요.

할 수 있을 때 열심히 공부해야 합니다.

하지만 공부는 때가 없기도 합니다.

평생 공부해야 합니다.

열심히 공부하면 그때가 바로 공부할 수 있을 때이기도 합니다.

42

가치중립적인 진리교육이 보장되어야한다

헌법이 교육의 자주성·전문성·정치적 중립성을
보장하고 있는 이유는
교육이 외부세력의 부당한 간섭을 받지 않고
교육자에 의하여 주도되어야 한다는 데서 비롯된 것이다.

그러기 위해서는 교육방법이나 교육내용이
종교적 종파성과 당파적 편향성에 의하여
부당하게 침해 또는 간섭당하지 않고
가치중립적인 진리교육이 보장되어야 할 것이다.

【교과서 국정제 합헌 사건】

초·중·고등학교는 심오한 진리의 탐구보다는 사회의 구성원으로서 자질의 배양에
중점을 두기 때문에 국가는 교과서를 자유발행제, 검·인정제, 국정제로 할 것인가
에 대하여 재량권을 가지므로 합헌

(헌법재판소 1992. 11. 12. 선고 89헌마88)

헌법은

가치중립적인 진리교육이 가능하다고 보고 있습니다.

정치적 편향성,

특히 자신의 정치적 성향이 가치중립적이라고 믿는 정치적 편향성,

모두 교문 밖으로 나가 주세요.

43

부모의 교육은 자녀의 행복이라는 관점에서

⚖

부모의 자녀교육권은
자녀의 행복이란 관점에서 보장되는 것이며,
자녀의 행복이 부모의 교육에 있어서
그 방향을 결정하는 지침이 된다.

【과외 금지 위헌 사건】

과외 금지는 과열된 사교육을 억제하기 위한 것이기는 하지만 부모의 자녀교육권
을 과도하게 침해하여 위헌

(헌법재판소 2000. 4. 27. 선고 98헌가16)

부모의 자녀교육권은

부모의 행복을 위해 보장되는 자유가 아닙니다.

자녀의 행복을 위해 보장되는 자유입니다.

자녀의 행복을 위한 것이 무엇인지

부모가 가장 잘 아는 것도, 자녀가 가장 잘 아는 것도 아닙니다.

부모와 자녀가 이야기를 나누어 보아야 합니다.

44
부모가 자녀를 제대로 교육시키지 않으면

⚖️

헌법 제31조는 부모 외에도 국가에게
자녀의 교육에 대한
과제와 의무가 있다는 것을 규정하고 있으므로

부모가 자녀의 건강에 반하는 방향으로
자녀교육권을 행사할 경우에는
국가는 부모의 자녀교육권을 제한할 수 있다.

【학원 교습시간 제한 합헌 사건】

22:00 이후로 학원 교습시간을 제한한 것은 학원 운영자의 직업수행의 자유와 부모의 자녀교육권보다 학생들의 건강과 안전이라는 공익이 우선하므로 합헌

(헌법재판소 2009. 10. 29. 선고 2008헌마635)

부모님 여러분,

잠을 잘 자야 공부가 잘 됩니다.

학생 여러분,

잠을 안 자고 있을 때는 공부해야 합니다.

45

학생의 학습권 vs. 선생님의 수업권

교원의 수업권은
어디까지나 학생의 학습권 실현을 위하여 인정되는 것이므로,
학생의 학습권은 교원의 수업권에 대하여 우월한 지위에 있으며
교원의 수업권은 일정한 범위 내에서 제약을 받을 수밖에 없다.

특히, 교원의 수업거부행위는
학생의 학습권과 정면으로 상충하는 것인바,
교원이 고의로 수업을 거부할 자유는
어떠한 경우에도 인정되지 아니하며,
교원은 계획된 수업을 지속적으로 성실히 이행할 의무가 있다.

【교사의 손해배상책임 인정 사건】

교사의 부당한 수업거부 및 수업방해 행위로 학생의 학습권이 침해되었다면 교사
의 학생에 대한 손해배상책임 인정

(대법원 2007. 9. 20. 선고 2005다25298)

학생의 학습권은

교원의 수업권보다 우월한 지위에 있습니다.

이렇게 학생의 학습권을 철저히 보장해 주고 있으니,

특권을 누리는 학생 시절에 열심히 공부해야 합니다.

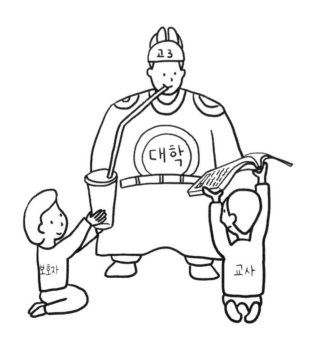

46

모든 사람에게 문화 창조의 기회를 부여

⚖

오늘날에 와서는 국가가
어떤 문화현상에 대하여도 이를 선호하거나,
우대하는 경향을 보이지 않는
불편부당의 원칙이 가장 바람직한 정책으로 평가받고 있다.

오늘날 문화국가에서의 문화정책은
그 초점이 문화 그 자체에 있는 것이 아니라
문화가 생겨날 수 있는 문화풍토를 조성하는 데 두어야 한다.

【학교 정화구역 내 극장영업 금지 위헌 사건】

학교 정화구역 내에서의 극장시설 및 영업을 일률적으로 금지하는 것은 위헌

(헌법재판소 2004. 5. 27. 선고 2003헌가1)

불편부당의 원칙,

특정 문화를 선호하거나 우대해서는 안 됩니다.

문화풍토의 조성,

문화 자체가 아니라 문화풍토를 조성해야 합니다.

헌법이 생각하는 문화정책입니다.

47

학교폭력예방법의 목적

학교폭력예방법은
학교폭력의 당사자가 청소년이라는 점을 감안하여
교육적 차원을 고려할 수 있게 함으로써
다른 폭력사안과는 다르게 다루어질 수 있는 여지를 열어 주고,

피해학생은 물론 가해학생의
건전한 인격 형성을 방해하는 요소를 차단하며,

이를 위한 법제를 정비하고 정책을 실시하여야 하는
국가적 책무를 명확히 하기 위해 입법된 것이다.

【학교폭력 가해학생 징계규정 합헌 사건】

학교폭력 가해학생에 대해 여러 개의 징계조치를 병과하는 규정 및 출석 정지의 상한을 두지 않은 규정은 피해학생의 보호 및 가해학생의 선도와 교육을 위해 바람직하므로 합헌

(헌법재판소 2019. 4. 11. 선고 2017헌바140, 141(병합))

학교폭력을 한 청소년에 대해서

어른보다 더 엄격하게 처벌해야 할까요,

어른보다 더 관대하게 처벌해야 할까요?

청소년기는

미성숙한 상태이며 질풍노도의 시기입니다.

그래서

어른보다 더 엄격하게 처벌해야 할까요,

어른보다 더 관대하게 처벌해야 할까요?

제3장

다원적인
열린 사회

48

나만의 공간, 나만의 영역

사생활의 자유란,
사회공동체의 일반적인 생활규범의 범위 내에서
사생활을 자유롭게 형성해 나가고
그 설계 및 내용에 대해서 외부로부터의
간섭을 받지 아니할 권리이다.

사생활과 관련된 사사로운 자신만의 영역이
본인의 의사에 반해서
타인에게 알려지지 않도록 할 수 있는 권리인
'사생활의 비밀'과 함께 헌법상 보장되고 있다.

【공직선거법상 해명금지규정 합헌 사건】

공직선거법에 규정되지 않은 방식의 해명을 금지한 규정은 사생활의 자유를 침해
하지 않으므로 합헌

(헌법재판소 2001. 8. 30. 선고 99헌바92)

사람과 사람은

사생활의 자유와 비밀을 지켜주며

'적정한 거리'를 두어야

서로 소중한 관계를 오래 유지할 수 있습니다.

'적정한' 거리가 얼마인지는

사람의 성격과 상황마다 다르며

경험이 쌓이고 나이가 들어야 정확히 알게 되지만,

어쨌든 적정한 '거리'가 필요합니다.

적당한 거리감

49

인격의 내적 핵심을 이루는 정보

사람의 육체적·정신적 상태나 건강에 대한 정보,
성생활에 대한 정보와 같은 것은
인간의 존엄성이나 인격의 내적 핵심을 이루는 요소이다.

따라서 외부세계의 어떤 이해관계에 따라
그에 대한 정보를 수집하고 공표하는 것이 쉽게 허용되어서는
개인의 내밀한 인격과 자기정체성이 유지될 수 없다.

【병역면제사유인 질병명의 공개 위헌 사건】

4급 이상 공무원들에 대해 일괄적으로 병역 면제사유인 질병명을 관보와 인터넷
을 통해 공개하도록 하는 것은 위헌(헌법불합치)

(헌법재판소 2007. 5. 31. 선고 2005헌마1139)

사람의 인생은 하나의 소설과 같습니다.

개인의 내밀한 이야기로 기록되고 있습니다.

누군가의 소중한 인생 어느 한 페이지를 찢어서

여기저기 길거리에서 나뒹굴게 하지 말아 주세요.

50

그 공무원의 도덕성을 알고 싶다

⚖️

공직자의 공무집행과 직접적인 관련이 없는
개인적인 사생활에 관한 사실이라도 일정한 경우
공적인 관심 사안에 해당할 수 있다.

공직자의 자질·도덕성·청렴성에 관한 사실은
그 내용이 개인적인 사생활에 관한 것이라 할지라도
순수한 사생활의 영역에 있다고 보기 어렵다.

【공직자 비판 명예훼손죄 위헌 사건】

공직자의 개인적인 사생활 중 공직자의 자질·도덕성·청렴성에 관한 사실은 공적
관심 사안으로서 이에 대한 공개와 비판을 명예훼손죄로 처벌하는 것은 위헌

(헌법재판소 2013. 12. 26. 선고 2009헌마747)

사람이 완벽할 수 없지만,

윤리적인 사람이 지도자가 되었으면 좋겠습니다.

하지만

비교적 윤리적인 사람이라면

사생활에 대한 지나친 관심은 멈추었으면 좋겠습니다.

51

성폭력범죄자의 신상정보를 공개합니다

신상정보 고지제도는 구체적으로 현존하는
아동·청소년에 대한 성폭력의 위험으로부터
사회공동체를 지키려는 인식을
제고하기 위하여 도입된 것으로서,
이를 통하여 달성하고자 하는 '아동·청소년의 성보호'라는
목적은 매우 중요한 공익이다.

이에 비하여 고지되는 정보는
유죄가 확정된 형사판결 중 일부로서,
이를 고지한다고 하여 아동·청소년 대상
성폭력범죄자의 인격권 등이
과도하게 제한되는 것이라고 보기는 어렵다.

【성폭력범죄자의 신상정보 공개·고지 합헌 사건】

신상정보 공개·고지조항으로 인하여 아동·청소년 대상 성폭력범죄자가 입게 되는 불이익이 아동·청소년의 성보호라는 공익에 비하여 결코 크다고 볼 수 없으므로 합헌

(헌법재판소 2016. 5. 26. 선고 2014헌바164, 2014헌바68)

세상은

위험한 곳입니다.

여기저기 위험한 사람들이 적지 않습니다.

국가는

위험한 사람들이 누구인지

특별히 더 조심해야 할 사람이 누구인지

미리 알려 주어야 합니다.

52

성폭력 범죄는 인격 살인

성폭력범죄는 '인격 살인'으로 불릴 만큼
피해자에게 회복할 수 없는
육체적, 정신적 상처를 남길 수 있다.

특히 어린 나이에 성폭력범죄를 경험할 경우
심리적인 상처와 후유증으로 인해
평생 동안 정상적인 생활을 하지 못하고
불행한 삶을 살아야 하는 경우도 있다.

이와 같이 성폭력범죄로부터 국민을 보호할 공익은
매우 크다.

【위치추적 전자장치 부착명령 합헌 사건】

재범위험성이 높은 성범죄자에 대한 전자감시를 위한 위치추적 전자장치 부착으로 인한 불이익보다 성폭력범죄로부터 국민을 보호하는 공익이 훨씬 크다고 할 수 있으므로 합헌

(헌법재판소 2012. 12. 27. 선고 2011헌바89)

성범죄는 극악한 범죄이며 재범의 위험성이 높습니다.

성범죄자에게 위치추적 전자장치를 부착하는 정도의 불이익은
그다지 과도한 처벌이 아니라는 것에 대해 사회적 합의가 있습니다.

과거에는 위치추적 전자장치가 존재하지 않았습니다.
성범죄자들에게 부착하는 위치추적 전자장치,
과학기술의 발전이 정의에 기여하는 좋은 사례입니다.

이 선을 절대 넘지 마시오!!!!

53

헌법의 가치

헌법은 국민적 합의에 의해 제정된
국민생활의 최고 도덕규범이며 정치생활의 가치규범으로서
민주사회에서는 헌법의 규범을 준수하고
그 권위를 보존하는 것을 기본으로 한다.

우리는 이러한 기초적인 원리와 현실을 망각하고,
헌법규범을 정치적으로만 이용하고
현실에 적용하지 않았기 때문에

헌법의 권위가 제대로 유지되지 못하고
민주주의의 토착과 기본권 보호에 차질을 가져왔고
그것이 정치적·사회적 불안의 요인이 되어왔다.

【국회의원 후보자 기탁금 차별 위헌 사건】

정당추천 후보자는 1천만 원, 무소속 후보자는 2천만 원으로 기탁금에 차등을 둔
것은 정당인과 비정당인을 불합리하게 차별한 것으로 위헌(헌법불합치)

(헌법재판소 1989. 9. 8. 선고 88헌가6)

헌법은

정치생활의 규범과 사회질서의 지침을 제공합니다.

헌법을 기준으로,

민주주의의 발전 정도를 가늠하고,

기본권의 보호 여부를 판단합니다.

몰라봐서 미안하다, 헌법.

54

헌법규범이 지켜지지 않을 때
오는 저항의 해결

⚖️

국민주권론과 국민대표제를
정치적 구호용으로만 이용해서는 안 되는 시점에 왔고
헌법규범이 지켜지지 않을 때 오는 저항과 비판을
어떻게 풀어야 하는가를 생각하여야 할
역사적 단계에 왔다.

【국회의원 후보자 기탁금 차별 위헌 사건】

정당추천 후보자는 1천만 원, 무소속 후보자는 2천만 원으로 기탁금에 차등을 둔 것은 정당인과 비정당인을 불합리하게 차별한 것으로 위헌(헌법불합치)

(헌법재판소 1989. 9. 8. 선고 88헌가6)

헌법재판소는 1989년에 이렇게 말했습니다.

국민주권론과 국민대표제를 정치적 구호용으로 이용해서는 안 되며,

나라를 구하여야 한다는 젊은 계층의 절규를 잘 들어보아야 한다고.

지금의 헌법재판소는 어떻게 이야기할까요?

세상이 많이 좋아졌지만,

세상이 더 좋아지기를 기대합니다.

55

대의제

국민주권주의를 구현하기 위하여 헌법은
대의제를 채택하고 있다.

국민주권주의는
국가권력의 민주적 정당성을 의미하는 것이기는 하나,
그렇다고 하여 국민 전체가 직접 국가기관으로서
통치권을 행사하여야 한다는 것은 아니므로
주권의 소재와 통치권의 담당자가 언제나 같을 것을
요구하는 것이 아니다.

【주민소환제 합헌 사건】

위법한 공직자뿐만 아니라 정책적으로 무능하고 부패한 공직자까지 대상으로 삼
아 해임이 가능하도록 한 주민소환제는 합헌

(헌법재판소 2009. 3. 26. 선고 2007헌마843)

국가의 모든 결정을 매번 국민투표로 할 수는 없는 노릇입니다.

주권자인 나를 '대'신해서 '의'사를 결정할 사람을 '선거'로 선출해야

합니다.

이것이 '대' '의'제입니다.

56
공권력도 법의 지배를 받아야 한다

우리 헌법의 기본원리인 법치주의의 원리상
대통령, 국회 기타 어떠한 공권력도
법의 지배를 받아야 하고,

비록 고도의 정치적 결단에 의하여 행해지는
국가작용이라고 할지라도

그것이 국민의 기본권 침해와 직접 관련되는 경우에는
당연히 헌법재판소의 심판대상이 될 수 있다.

【신행정수도 건설특별법 위헌 사건】

신행정수도 건설 특별조치법은 국회와 대통령의 소재지를 서울 외의 다른 곳으로
이전하는 법으로서, 수도이전이라는 국가적 결정과 관련된 국민 전체의 국민투표
권을 침해하여 위헌

(헌법재판소 2004. 10. 21. 선고 2004헌마554)

공권력에 대항할 수 있는 국민의 무기는,

과거에는 저항과 혁명만 있었지만,

현대에는 헌법과 법률이 있습니다.

공권력도 헌법과 법률의 지배를 받기 때문입니다.

공권력에 대항해야 할 때

현대식 무기인 헌법과 법률을 잘 사용해 주세요.

57

자유민주주의는 헌법질서의
근간을 이루는 기본적 가치

우리 헌법 전문은

국가권력의 간섭을 배제하고,
개인의 자유와 창의를 존중하며 다양성을 포용하는 자유주의와

국가권력이 국민에게 귀속되고,
국민에 의한 지배가 이루어지는 것을
내용적 특징으로 하는 민주주의가

결합된 개념인 자유민주주의를
헌법질서의 근간을 이루는 기본적 가치로 선언하고 있다.

【제주 4·3사건 특별법 각하 사건】

청구인들이 주장하는 기본권 침해는 특별법 자체에 의하여 직접 발생하는 것이 아
니라 위원회의 '희생자' 결정에 의하여 비로소 발생하는 것이므로 헌법재판소의
심판 대상이 아님

(헌법재판소 2001. 9. 27. 선고 2000헌마238)

자유민주주의,

자유주의와 민주주의가 합쳐진 말입니다.

자유주의,

국가가 국민의 삶에 특별히 간섭하지 않을 테니,

국민들은 각자 '자유'롭게 마음대로 살라는 뜻입니다.

민주주의,

국가에서는 국'민'이 '주'인이므로,

국민이라는 주인의 뜻에 따라 국가의 일을 결정해야 한다는 뜻입니다.

58

민주적 기본질서는
다원적 세계관에 입각한 것

⚖

민주적 기본질서는,
개인의 자율적 이성을 신뢰하고
모든 정치적 견해들이 각각 상대적 진리성과
합리성을 지닌다고 전제하는
다원적 세계관에 입각한 것으로서,

모든 폭력적·자의적 지배를 배제하고,
다수를 존중하면서도 소수를 배려하는 민주적 의사결정과
자유·평등을 기본원리로 하여 구성되고 운영되는
정치적 질서를 말한다.

【통합진보당 위헌 사건】

북한식 사회주의 체제를 절대적인 선(善)으로 받아들여 독재적 통치를 추구하고
자유민주주의체제를 전복하겠다는 목적을 가지고 활동한 통합진보당은 민주적
기본질서와 근본적으로 충돌하므로 위헌(해산)

(헌법재판소 2014. 12. 19. 선고 2013헌다1)

국'민'이 '주'인인 민주주의에서는

국'민'이라는 '주'인의 수가 매우 많기 때문에

다양한 가치관을 수용할 수밖에 없습니다.

다수를 존중하고 소수를 배려하는 마음으로

함께 살아야 합니다.

누구나 각자 자신만의 관점으로

59

합리적인 토론을 거쳐 다수의 의사로 결정

⚖️

민주주의의 기본원리의 하나인 다수결의 원리는
다수파와 소수파가 공개적이고 합리적인 토론을 거쳐
다수의 의사로 결정한다는 데
그 정당성의 근거가 있는 것이다.

따라서 입법과정에서 소수파에게 출석할 기회조차 주지 않고
토론과정을 거치지 아니한 채
다수파만으로 단독 처리하는 것은
다수결의 원리에 의한 의사결정이라고 볼 수 없다.

【국회의원의 심의권 침해 위헌 사건】

회의장 출입문을 폐쇄한 상태에서 회의를 개의하여 안건을 심사함으로써 반대하는 국회의원들이 심의과정에 참여하지 못하게 한 것은 위헌

(헌법재판소 2010. 12. 28. 선고 2008헌라7)

어차피 다수결로 할 것이라면 토론할 필요가 있을까요?
그냥 토론하지 말고 바로 다수결로 처리하면 어떨까요?
헌법재판소는 그것은 민주주의가 아니라고 합니다.

민주주의란, 토론의 기회를 부여하여 각자의 논리로 서로를 설득
할 기회를 가진 후 비로소 다수결로 결정하는 것이라고 합니다.

그런데 상대방의 말이 논리적일 경우 당신은 자신의 생각을 변경할
준비가 되었나요?

민주주의란, 상대방의 말이 논리적일 경우 원래의 생각을 변경할
수 있는 사람들 사이에서 비로소 제대로 실현될 수 있습니다.

60

정당의 자유가 보장하는 것들

헌법 제8조 제1항은
정당설립의 자유만이 아니라
누구나 국가의 간섭을 받지 아니하고
자유롭게 정당에 가입하고
정당으로부터 탈퇴할 수 있는 자유를 함께 보장한다.

정당의 설립만이 보장될 뿐
설립된 정당이 언제든지 다시 금지될 수 있거나
정당의 활동이 임의로 제한될 수 있다면,
정당설립의 자유는 사실상 아무런 의미가 없기 때문이다.

따라서 정당설립의 자유는
당연히 정당의 존속과 정당 활동의 자유도 보장한다.

【경찰청장 퇴직 후 정당활동금지 위헌 사건】

경찰청장으로 퇴직 후 2년 이내의 정당의 당원이 될 수 없도록 한 경찰법 규정은
정당의 자유 및 평등 원칙을 위반하여 위헌

(헌법재판소 1999. 12. 23. 선고 99헌마135)

국민들이 정치를 할 수 있는 가장 손쉬운 방법은
정당에 가입하여 정당의 활동에 참여하는 것입니다.

정치의 자유 중 정당 활동의 자유는 매우 중요합니다.

과거에는 입법부, 행정부, 사법부로 권력이 분립되어 있지만,
이제는 여당, 야당, 사법부로 권력이 분립되어 있는 듯합니다.
현대의 국가권력은 정당에 집중되어 가고 있습니다.

61

선거 과정에 참여하는 행위

국민의 주권행사의 발현으로서
선거과정에 참여하는 행위는 원칙적으로 자유롭게
행하여질 수 있도록 최대한 보장되어야 한다.

참정권의 제한은
국민주권에 바탕을 두고 자유·평등·정의를 실현시키려는
우리 헌법의 민주적 가치질서를
직접적으로 침해하게 될 위험성이 크기 때문에
언제나 필요한 최소한의 정도에 그쳐야 한다.

【수형자 선거권 제한 합헌 사건】

수형자에 대하여 선거권을 제한하는 것은 수형자의 선거권 제한을 통하여 달성하려는 선거의 공정성 및 형벌집행의 실효성 확보라는 공익에 비추어 합헌

(헌법재판소 2004. 3. 25. 선고 2002헌마411)

주권은 국민에게 있습니다.

그러나 국민은 각자 자신의 삶을 사느라 바쁩니다.

주권자인 나를 '대'신해서 '의'사를 결정할 사람을 '선거'로 선출합니다.

선거로 선출된 사람이 잘하면 다음에 그를 다시 선출하고,

선거로 선출된 사람이 못하면 다음에 다른 사람을 선출합니다.

그렇다면 주권은 선거권이라고 할 수 있습니다.

국민의 주권은 국민의 선거권이라고 할 수 있으므로

국민의 선거권을 제한하는 것은 매우 예외적으로만 가능합니다.

62

대통령이 국민의 신임을 배반한 대가

대통령이 국민으로부터 직접 민주적 정당성을 부여받은
대의기관이라는 관점에서 보면,

대통령에게 부여한 국민의 신임을
임기 중 박탈하여야 할 정도로
대통령이 법 위배행위를 통하여
국민의 신임을 배반한 경우에 한하여
대통령에 대한 탄핵사유가 존재한다고 보아야 한다.

【대통령 탄핵기각결정】

국민의 신임을 배반한 경우에 이르지 않는 대통령의 법 위배행위에 대해서는 파면
하지 않는다는 탄핵기각결정

(헌법재판소 2004. 5. 14. 선고 2004헌나1)

누구도 법 위에 있는 사람은 없습니다.

국가의 원수인 대통령도 법 위에 있을 수 없습니다.

물론 대통령은 재직하는 동안 내란 또는 외환의 범죄가 아니라면

형사 처벌받지 않는 특권이 있습니다.

대신 대통령이 국민의 신임을 배신할 정도의

중대한 법위반행위를 하는 경우에는 탄핵될 수 있습니다.

앞으로의 대통령도 항상 그 점을 기억해 주었으면 좋겠습니다.

우리 국민들은 이미 대통령 탄핵의 경험이 있다는 것을.

63

타인과 함께 모인다는 것

집회의 자유는
공동으로 인격을 발현하기 위하여
타인과 함께하고자 하는 자유,

즉 타인과의 의견교환을 통하여
공동으로 인격을 발현하는 자유를 보장하는 기본권이자

동시에 국가권력에 의하여
개인이 타인과 사회공동체로부터
고립되는 것으로부터 보호하는 기본권이다.

【외교기관 인근 집회금지 위헌 사건】

외교기관 인근에서의 집회에 대하여 예외를 허용하지 않고 전면적으로 금지하는
것은 집회의 자유를 과도하게 침해하는 위헌

(헌법재판소 2003. 10. 30. 선고 2000헌바67)

우리는 생각을 나누고 행동을 함께하고

타인과 함께 경험하고 웃고 울며 시간을 보내는 것에서

삶의 보람과 기쁨을 느낍니다.

왜 그럴까요?

인간은 본래 외로운 존재라서 그런 것일까요?

모이면 보다 안전하고 강해질 수 있어서 그런 것일까요?

공동체 속에서의 역할을 수행하며

삶의 의미를 발견하기 때문일까요?

64

다원적인 열린 사회에 대한 헌법적 결단

집회의 자유는

정치·사회현상에 대한 불만과 비판을

공개적으로 표출케 함으로써

정치적 불만세력을 사회적으로 통합하여

정치적 안정에 기여하는 역할을 한다.

헌법이 집회의 자유를 보장한 것은

관용과 다양한 견해가 공존하는

다원적인 '열린 사회'에 대한 헌법적 결단인 것이다.

【야간옥외집회 허가제 위헌 사건】

야간옥외집회를 일반적으로 금지하고 관할 경찰서장에 의해 예외적으로 허가할
수 있도록 하는 것은 집회의 허가제를 인정하지 않는 헌법에 위반되어 위헌

(헌법재판소 2009. 9. 24. 선고 2008헌가25)

헌법재판소는

집회의 자유가 오히려 불만과 비판을 공개적으로 표출하게 하여

사회의 통합을 촉진하고 정치적 안정에 기여한다고 봅니다.

'열린' 사회는

집회의 자유를 정치적 안정에 기여한다고 보고,

'닫힌' 사회는

집회의 자유가 정치적 불안을 유발한다고 봅니다.

당신은 당신에 대한 비판을 어떻게 이해하는가요?

당신은 '열린' 사람인가요, 아니면 '닫힌' 사람인가요?

제4장

개개인의
자유 실현

65
인간의 자유와 창의를 보장하는 지름길

우리 헌법은 사유재산제도와
자본주의 시장경제질서를 기본으로 하고 있다.

이는 국민 개개인에게 자유스러운 경제활동을 통하여
생활의 기본적 수요를 스스로 충족시킬 수 있도록 하고
사유재산과 그 처분 및 상속을 보장해 주는 것이
인간의 자유와 창의를 보장하는 지름길이고

궁극에는 인간의 존엄과 가치를 증대시키는
최선의 방법이라는
이상을 배경으로 하고 있는 것이다.

【토지거래허가제 합헌 사건】

토지의 투기적 거래의 억제를 위한 토지거래허가제는 사유재산제도의 본질적 내용까지 침해한 것이 아니므로 합헌

(헌법재판소 1989. 12. 22. 선고 88헌가13)

인류는 지금까지 수많은 경제제도를 시도해 본 결과,

사유재산과 자유시장이 가장 적절한 경제제도라고 믿고 있습니다.

사유재산과 자유시장이란,

나의 것과 당신의 것은 서로 구분하여,

나는 나의 것을 위해, 당신은 당신의 것을 위해

자유롭고 창의적으로 노력하며 시장에서 거래하면,

나의 것과 당신의 것이 각자 더욱 많아지게 될 것이고,

우리 사회는 보다 풍요로워지게 된다는 것입니다.

66

재산권의 행사는 공공복리에 적합하도록

우리 헌법도
재산권은 보장하되 법률로 재산권을 규제할 수 있음을
명백히 하고 있을 뿐만 아니라
재산권의 행사는 공공복리에 적합하도록 하여야 한다는
재산권 행사의 사회적 의무성도 강조하고 있다.

재산권 행사의 사회적 의무성을 명문화하고 있는 것은
재산권의 악용 또는 남용으로 인한
사회공동체의 균열과 파괴를 방지하고
실질적인 사회정의를 구현하겠다는
국민적 합의의 표현이라고 할 수 있다.

【토지거래허가제 합헌 사건】

토지의 투기적 거래의 억제를 위한 토지거래허가제는 사유재산제도의 본질적 내
용까지 침해한 것이 아니므로 합헌

(헌법재판소 1989. 12. 22. 선고 88헌가13)

내가 내 돈과 재산을 마음대로 쓰는데, 누가 상관할 수 있을까요?

당신이 당신 돈과 재산을 마음대로 쓰는데, 누가 상관할 수 있을까요?

헌법이 상관합니다.

우리가 각자의 돈과 재산을 마음대로 쓸 수 있겠지만,

공공복리에 적합한 한도에서만 마음대로 쓸 수 있습니다.

67

재산권 보장의 두 가지 의미

재산권 보장은 이중적 의미가 있다.

하나는
개인이 현재 누리고 있는 재산권을 개인의
기본권으로 보장한다는 의미이고,

다른 하나는
개인이 재산권을 향유할 수 있는 법제도로서의
사유재산제도를 보장한다는 의미이다.

【점유취득시효 합헌 사건】

점유취득시효 제도는 부동산 소유자이면서 오랫동안 권리행사를 태만히 한 사람과 소유할 생각으로 평온, 공연하게 부동산을 20년 동안 점유한 사람의 권리를 비교형량하여 실질적 이해관계를 강하게 보호하는 것으로 합헌

(헌법재판소 1993. 7. 29. 선고 92헌바20)

당신 손에 있는 당신의 휴대폰이 과연 정말 당신 것인가요?

그렇습니다.

헌법은 '재산권'을 국민의 기본권으로 보장하고 있으며,

헌법은 '사유재산제도'를 국가의 제도로 인정하기 때문입니다.

헌법 덕분에 당신은 휴대폰을 가질 수 있게 되었습니다.

헌법에게, 한턱 쏘세요.

68
국민 개개인의 자유 실현의 물질적 바탕

⚖

현실적으로 재산권은 기본권의 주체로서의
국민이 각자의 인간다운 생활을 자기 책임 하에
자주적으로 형성하는 데 필요한 경제적 조건을
보장해 주는 기능을 한다.

그러므로 재산권의 보장은 곧
국민 개개인의 자유 실현의 물질적 바탕을
의미한다고 할 수 있고,

따라서 자유와 재산권은 상호보완관계이자
불가분의 관계에 있다고 하겠다.

【개발제한구역지정 위헌 사건】

개발제한구역(그린벨트)의 지정으로 인해 토지소유자에게 사회적 제약의 범위를
넘는 가혹한 부담이 발생하는 예외적인 경우에 대하여 보상규정을 두지 않으면 위
헌(헌법불합치)

(헌법재판소 1998. 12. 24. 선고 89헌마214)

어느 정도의 재산은 있어야 자유로운 생활을 누릴 수 있습니다.

이렇게 보면, 재산은 자유의 물질적 바탕입니다.

자유로운 거래를 통해 비로소 재산을 모을 수가 있습니다.

이렇게 보면, 자유는 재산의 제도적 기초입니다.

자유와 재산의 불가분의 관계,

우리가 사는 세상의 엄연한 현실입니다.

69

토지에 대해 규제할 때

특정 재산권의 이용이나 처분이
일반국민 다수의 일상생활에 큰 영향을 미치는 경우에는
입법자가 공동체의 이익을 위하여
개인의 재산권을 규제하는 권한을 더욱 폭넓게 가진다.

토지재산권의 강한 사회성 내지는 공공성으로 말미암아
토지의 개발이나 건축은 다른 재산권에 비하여
보다 강한 제한과 의무가 부과될 수 있다.

【개발제한구역지정 위헌 사건】

개발제한구역(그린벨트)의 지정으로 인해 토지소유자에게 사회적 제약의 범위를
넘는 가혹한 부담이 발생하는 예외적인 경우에 대하여 보상규정을 두지 않으면 위
헌(헌법불합치)

(헌법재판소 1998. 12. 24. 선고 89헌마214)

토지거래허가제는 왜 생겨났을까요?

부동산은 한정되어 있습니다.

내가 차지하면 바로 그만큼 다른 사람은 차지하기가 어렵습니다.

부동산의 거래는 다른 물건의 거래에 비해

다른 사람에게 절대적인 영향을 미치기 때문에 국가가 규제합니다.

70

자유롭게 직업을 선택할 수 있지만

⚖️

헌법 제15조에 의한 직업선택의 자유는

자신이 원하는 직업을 자유롭게 선택하는 직업선택의 자유와

그가 선택한 직업을 자기가 결정한 방식으로

자유롭게 수행할 수 있는

직업수행의 자유를 포함하는 개념이다.

【감정평가 업무범위 제한 합헌 사건】

감정평가업자의 업무범위를 제한한 규정은 직업선택의 자유를 본질적으로 침해
하지 않으므로 합헌

(헌법재판소 1996. 8. 29. 선고 94헌마113)

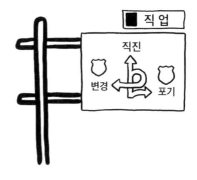

직업으로,

잘하는 일을 선택해야 할까요?

좋아하는 일을 선택해야 할까요?

일단 잘하는 것을 선택해서 그것을 아주 잘하게 만들어 보세요.

그리고 그것을 점점 좋아하는 방식으로 수행해 보는 것은 어떨까요?

변호사를 잘할 것 같은데 음악을 좋아한다면,

변호사가 된 후 음악 저작권 전문 변호사가 되어 보세요.

요리를 잘할 것 같은데 외국어를 좋아한다면,

요리사가 된 후 외국에서 식당을 개업해 보세요.

우리에게는 직업선택의 자유도 있지만,

선택한 직업을 자기 스타일대로 자유롭게 수행할 수 있는 자유,

즉, 직업수행의 자유도 있으니까요.

71

직장선택의 자유가
보호하는 것과 보호하지 않는 것

⚖️

직장선택의 자유는
개인이 선택한 직업분야에서 취업의 기회를 가지거나,
이미 형성된 근로관계를 계속 유지하거나 포기하는 데에 있어
국가의 방해를 받지 않는 자유로운
선택·결정을 보호하는 것을 내용으로 한다.

그러나 이 기본권은
원하는 직장을 제공하여 줄 것을 청구하거나
한 번 선택한 직장의 존속보호를 청구할 권리를 보장하지 않으며,
또한 사용자의 처분에 따른 직장 상실로부터
직접 보호하여 줄 것을 청구할 수도 없다.

【국가보조연구기관 통폐합 합헌 사건】

국가에 대한 직장존속보장청구권은 인정되지 않으므로 국가 보조 연구기관을 통폐합함에 있어 재산 승계만 인정하고 근로관계를 승계하지 않아 직장을 잃게 되었다고 하더라도 합헌

(헌법재판소 2002. 11. 28. 선고 2001헌바50)

영원한 것은 없습니다.

끊임없이 변화합니다.

직'장(場)'은 장소일 뿐입니다.

세상의 변화와 흐름에 뛰어들어

자신의 새로운 가능성을 열어 보세요.

72

경제질서를 규제할 수 있는 이유

우리 헌법의 경제질서는
자유경쟁을 존중하는 시장경제를 기본으로 하면서도
사회정의, 공정한 경쟁질서, 경제민주화 등을 실현하기 위한
국가의 규제와 조정을 허용하는
사회적 시장경제이다.

【대형마트 영업제한 합헌 사건】

대형마트 영업시간을 제한하거나 의무 휴업하도록 한 규정은 대형마트 운영자의
직업수행의 자유를 침해하지 않아 합헌

(헌법재판소 2018. 6. 28. 선고 2016헌바77)

헌법이 추구하는 시장경제는

그냥 밋밋한 시장경제가 아니라 '사회적' 시장경제입니다.

시장경제를 기본으로 하면서도

공정한 경쟁질서를 실현하기 위해

국가의 규제와 조정을 허용하는 시장경제를 말합니다.

일단, 말은 멋집니다.

이제, 실현시켜 봅시다.

73

성매매는 대등한 당사자 사이의
자유로운 거래가 아니다

⚖️

성매매는 경제적 대가를 매개로 하여
경제적 약자인 성판매자의
신체와 인격을 지배하는 형태를 띠므로,
대등한 당사자 사이의 자유로운 거래 행위로 볼 수 없다.

인간의 정서적 교감이 배제된 채
경제적 대가를 매개로 하여 이루어지는 성매매는
성을 상품화하고, 돈만 있으면 성도 쉽게 살 수 있다는
인식을 확대, 재생산한다.

그 결과 성판매자는 하나의 상품으로 간주되며,
성구매자의 성욕을 충족시키는 과정에서
정신적·신체적 폭력에 노출될 위험을 안게 된다.

【성매매처벌법 합헌 사건】

성매매를 형사 처벌하는 성매매처벌법은 성적 자기결정권을 침해하지 않아 합헌

(헌법재판소 2016. 3. 31. 선고 2013헌가2)

성매매도 거래 당사자가 모두 동의한 거래입니다.

그럼에도 왜 문제일까요?

헌법재판소는

성판매자는 경제적 약자일 수 있으므로

성매매는 자유로운 거래가 아니라고 합니다.

성은 정서적 교감 없이 거래될 상품이 아니므로

돈으로 성을 살 수 있다는 인식이 사회에 퍼지면 안 된다고 합니다.

성판매자가 정신적, 신체적 폭력에 노출될 수 있어서

성매매는 허용할 수 없다고 합니다.

당신은 어떻게 생각하세요? 동의하세요?

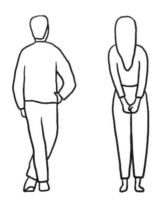

74

동물에 대한 재산권의 행사

⚖

일반적인 물건에 대한 재산권 행사에 비하여
동물에 대한 재산권 행사는
사회적 연관성과 사회적 기능이
매우 크다 할 것이므로

이를 제한하는 경우 입법재량의 범위를
폭넓게 인정함이 타당하다.

【국제적 멸종위기종의 사적 이용 금지 합헌 사건】

반달가슴곰의 사적 이용 금지는 국제적멸종위기종의 멸종예방과 인간의 무분별한 이용으로 인한 자연파괴 방지, 지속가능한 자연생태계 보존이라는 공익이 더 크다고 할 수 있어 합헌

(헌법재판소 2013. 10. 24. 선고 2012헌바431)

동물이란 무엇일까요?

물건의 일종일까요?
물건과 다른 무엇일까요?

이제 이렇게 분류하는 것은 어떨까요?
세상에는 인간, 동물, 물건이 있습니다.

75

소급입법금지의 예외

불법적인 한일병합조약으로 인해
조선을 침탈하는 과정에서
일본인들이 조선에 진출하여 축적한 재산을 보전하고
조선에 이양한다는 공익은,

한반도 내의 사유재산을 자유롭게 처분하고
일본 본토로 철수하고자 하였던 재조선 일본인이나
일본의 패망 직후 일본인으로부터
재산을 매수한 사람들에 대한 신뢰보호의 요청보다
훨씬 더 중대하다.

【재조선 일본인 재산의 처리에 관한 미군정청 법령 합헌 사건】

광복 이후 재조선 일본인의 재산 이전을 금지한 법령은 소급입법금지원칙에 대한
예외로서 합헌

(헌법재판소 2021. 1. 28. 선고 2018헌바88)

일제강점기에

일본인이 조선인으로부터 침탈한 재산은 불법적인 것이므로,

일제패망기에

일본인이 취득한 그 재산을 다시 취득한 거래도 불법입니다.

당시에는 적법한 거래라고 신뢰하였겠지만,

우리 헌법은 그러한 신뢰는 보호하지 않기로 했습니다.

76
소비자 불매운동은

⚖

불매운동의 목표로서의 '소비자의 권익'이란
원칙적으로 사업자가 제공하는 물품이나
용역의 소비생활과 관련된 것으로서
상품의 질이나 가격, 유통구조,
안전성 등 시장적 이익에 국한된다.

【미국산 소고기 소비자불매운동 처벌 합헌 사건】

집단적인 소비자불매운동 중 정당한 헌법적 허용한계를 벗어나 신문사의 업무를
방해하는 결과를 가져오기에 충분한 집단적 행위에 대해 업무방해죄로 처벌하는
것은 합헌

(헌법재판소 2011. 12. 29. 선고 2010헌바54)

소비자의 불매운동은 경제적 약자인 소비자에게 힘이 됩니다.

소비자의 불매운동은 상품의 품질, 가격 등에 관한 것이어야 합니다.

상품과 아무 관련 없는 불매운동은 부디 자제해 주세요.

그런 불매운동은 무고한 또 다른 경제적 약자의 경제활동을

위협하는 일일지도 모릅니다.

저기 가지 마. 불매 운동이야.
음주운전한 연예인이 광고하잖아!

왜? 저기 맛있는데.
그게 저 식당 잘못은 아니잖아?
그러다 저 집 망할수도 있어.
괜히 맛있는 돈가스만 못 먹게 되잖아.

77

기업의 자유

헌법은 제15조에서 직업선택의 자유를 보장하고 있는바,
이는 기업의 설립과 경영의 자유를 의미하는
기업의 자유를 포함한다.

【택시 운송수입금 전액수납의무 합헌 사건】

사납금제를 금지하기 위하여 택시운송사업자의 운송수입금 전액 수납의무를 규
정한 자동차운수사업법은 합헌

(헌법재판소 1998. 10. 29. 선고 97헌마345)

많은 사람들이 창업을 합니다.

세상에 필요한 물건이나 서비스를 만들어 사람들에게 공급하고

돈을 벌어 직원에게 월급도 주면서 회사를 운영하고 있습니다.

혹독한 시장에서 살아남기 위해 애씁니다.

기업의 자유는

자본주의 시장경제를 움직이는 중요한 원동력입니다.

78

근로자의 행복과 이익을
높이기 위해 지급되는 임금

사전적으로
'복리'는 '행복과 이익을 아울러 이르는 말'을 의미하고,
'후생'은 '사람들의 생활을 넉넉하고
윤택하게 하는 일'을 의미하므로,

'근로자의 생활 보조 또는 복리후생을 위한 성질의 임금'은
'근로자의 생활을 돕거나 이를 윤택하게 하기 위한,
그 밖에 근로자의 행복과 이익을 높이기 위하여
지급되는 임금'을 의미한다고
어렵지 않게 이해할 수 있다.

【최저임금 산입범위 합헌 사건】

최저임금에 상여금 및 복리후생비 일부를 산입하도록 한 최저임금법 규정은 근로자의 근로의 권리를 침해하지 않아 합헌

(헌법재판소 2021. 12. 23. 선고 2018헌마629)

근로자는 노동생산성만큼 임금을 받게 됩니다.

근로자가 생활을 윤택하게 할 만큼 임금을 받기 위해서
노동생산성을 어떻게 높일 수 있을지 연구해야 합니다.

국가, 기업, 근로자가 함께 연구해야 합니다.

79

구속 수사는 예외적으로

신체의 자유를 최대한으로 보장하려는 헌법정신,
특히 무죄추정의 원칙으로 인하여 수사와 재판은
원칙적으로 불구속상태에서 이루어져야 한다.

【미결구금일수 재량통산 위헌 사건】

판결 선고 전의 구금 일수를 판사의 재량에 맡겨 전부가 아니라 일부만 형기에 산
입할 수 있도록 하는 것은 위헌

(헌법재판소 2009. 6. 25. 선고 2007헌바25)

무죄추정의 원칙,

유죄로 판결이 확정될 때까지 무죄로 추정해야 한다는 것입니다.

대담하고 파격적이며, 매력적인 원칙입니다.

타인에 대한 나쁜 소문과 험담은 쉽게 믿고

타인에 대한 칭찬과 찬사는 쉽게 믿지 않는

이 험한 세상에서 말입니다.

80

자신에게 불이익한 진술을
강요당하지 아니한다

⚖️

헌법 제12조 제2항은
모든 국민은 고문을 받지 아니하며,
형사상 자기에게 불리한 진술을
강요당하지 아니한다고 규정하여

형사책임에 관하여 자신에게
불이익한 진술을 강요당하지 아니할 것을
국민의 기본권으로 보장하고 있다.

【국회증언감정법 합헌 사건】

국회에서 형사절차에서와 같은 증언거부권 고지 규정을 두지 않은 것은 평등원칙
에 위배되지 않아 합헌

(헌법재판소 2015. 9. 24. 선고 2012헌바410)

그가 정말로 범인이 아니라면,

그 일에 대해 떳떳하고 자세하게 말을 하면 될 텐데,

왜 말을 안 할까요?

혹시 범인이어서 말을 하지 않는 것은 아닐까요?

그렇게 생각하지 말라는 것이 바로 '진술거부권'입니다.

말하지 않을 사정은 많이 있습니다.

81

검사는 인권옹호기관

헌법에서 수사단계에서의 영장신청권자를 검사로 한정한 것은
다른 수사기관에 대한 수사지휘권을 확립시켜
인권유린의 폐해를 방지하고,
법률전문가인 검사를 거치도록 함으로써
기본권 침해가능성을 줄이고자 한 것이다.

헌법에 규정된 영장신청권자로서의 검사는
검찰권을 행사하는 국가기관인 검사로서 공익의 대표자이자
수사단계에서의 인권옹호기관으로서의 지위에서
그에 부합하는 직무를 수행하는 자를 의미하는 것이다.

【공수처법 합헌 사건】

고위공직자 범죄에 대해 공수처가 수사 및 기소하도록 한 공수처법은 평등권 및
영장주의 원칙에 위반되지 않아 합헌

(헌법재판소 2021. 1. 28. 선고 2020헌마264)

검사 역할은

경찰과 함께 범죄를 수사하는 것도 있지만,

경찰의 수사가 적법한 절차에 따라 이루어지는지

감독하는 것도 있습니다.

범죄가 인권을 침해하는 경우가 많지만

수사가 인권을 침해하는 경우도 있기 때문입니다.

82

변호인이라는 조력자

조언과 상담을 통하여 이루어지는
변호인의 조력자로서의 역할은
변호인선임권과 마찬가지로
변호인의 조력을 받을 권리의 내용 중 가장 핵심적인 것이고,

변호인과 상담하고 조언을 구할 권리는
변호인의 조력을 받을 권리 그 자체에서
막바로 도출되는 것이다.

【불구속 피의자의 변호인 참여 거부 위헌 사건】

변호인의 조력을 받을 권리가 피의자, 피고인의 구속 여부 불문하고 당연히 인정
되는 헌법상 권리이므로 불구속 피의자의 피의자신문 시 변호인의 참여를 거부한
행위는 위헌

(헌법재판소 2004. 9. 23. 선고 2000헌마138)

적절한 때에 좋은 친구를 만나야 하고,

적절한 때에 좋은 경쟁자를 만나야 하며,

적절한 때에 좋은 변호사를 만나야 합니다.

83

변호인과의 대화는 비밀

변호인의 조력을 받을 권리는
구속된 자와 변호인의 대화내용에 대하여
비밀이 완전히 보장되고

어떠한 제한, 영향, 압력 또는 부당한 간섭 없이
자유롭게 대화할 수 있는 접견을 통하여서만 가능하고

이러한 자유로운 접견은 구속된 자와 변호인의 접견에
교도관이나 수사관 등
관계공무원의 참여가 없어야 가능할 것이다.

【변호인과의 자유로운 접견 침해 위헌 사건】

신체구속을 당한 사람이 변호인과 접견을 하는 데 있어 수사관이 접견에 참여하거나 가까이에서 대화내용을 듣는 것은 위헌

(헌법재판소 1992. 1. 28. 선고 91헌마111)

변호사는

의뢰인의 말할 수 없는 사정과 말할 수 있는 사정을 모두 검토하여

말할 수 없는 사정의 말할 수 있는 사정을 찾아보고

말할 수 있는 사정은 의뢰인에게 이익이 되게 다듬어야 합니다.

이것은 변호사만의 자질이 아니네요.

사람은 누구나 말할 수 없는 사정과 말할 수 있는 사정이 있습니다.

친구의 말할 수 없는 사정을 굳이 듣지 않아도 이해해 주고

친구의 말할 수 있는 사정은 그의 입장에서 들어 주어야 합니다.

제5장

같은 것은 같게,
다른 것은 다르게

84

공정한 재판을 받을 권리

헌법은 제27조 제1항에서
형사피고인의 공정한 재판을 받을 권리를 보장하고 있다.

여기서 공정한 재판이란
헌법과 법률이 정한 자격이 있고,
헌법 제104조 내지 제106조에 정한 절차에 의하여 임명되고
신분이 보장되어 독립하여 심판하는 법관으로부터
헌법과 법률에 의하여 그 양심에 따라
적법절차에 의하여 이루어지는 재판을 의미한다.

【반국가행위자처벌 특별조치법 위헌 사건】

반국가사범이라 하더라도 사형·무기 또는 단기 3년 이상의 중형에 처해질 수 있는
사건에 대해 궐석재판(피고인의 출정 없이 재판)을 행하도록 하고, 재판의 연기도
전혀 허용하지 않으며 변호인의 조력도 받을 수 없도록 규정한 것은 위헌

(헌법재판소 1996. 1. 25. 선고 95헌가5)

다른 사람과 다툼이 생겼나요?

서로 타협이나 화해가 불가능한가요?

문명사회 이전에는 다양한 방법으로 다툴 수 있었지만,

문명사회가 된 지금은 다투는 방법은 오로지 하나,

재판뿐입니다.

재판은 문명사회의 기초입니다.

공정한 재판은 문명사회의 기초 중 기초입니다.

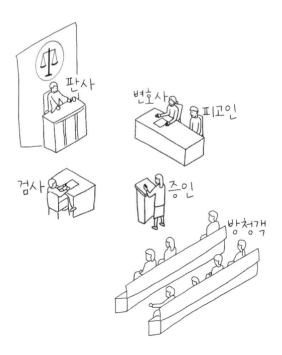

85

상소권은 보장되어야 한다

⚖️

형사소송절차에 있어서 상소(上訴)는
미확정의 재판에 대하여 상급법원에
구제를 구하는 불복신청제도로서,
오판으로 말미암아 불이익을 받는 당사자를 구제하기 위하여
없어서는 아니 될 제도이다.

【반국가행위자처벌특별법 위헌 사건】

반국가행위자처벌특례법이 상소권을 제한한 것은 헌법상 재판청구권을 침해하여
위헌

(헌법재판소 1993. 7. 29. 선고 90헌바35)

형사재판을 할 때는 죄형법정주의에 따라야 합니다.

형법에 범죄라고 규정해 둔 범죄로만 처벌할 수 있습니다.

형사재판을 할 때는 적법절차주의에 따라야 합니다.

형사소송법에 따라 적법하게 수집된 증거로만 처벌할 수 있습니다.

감정적으로는 악행에 대해 수단과 방법을 가리지 않고 처벌해야 할

것 같지만, 법과 절차에 따라 공정하게 재판해야 합니다.

상소권과 같은 재판받을 권리를 충분히 보장해 주고

대신 그의 악행에 걸맞게 엄히 처벌하면 됩니다.

86

범죄행위로 피해를 받은 국민을
구조해야 한다

헌법은 범죄로부터 국민을 보호하여야 할 국가의 의무를
이와 같은 소극적 차원에서만 규정하지 아니하고

더 나아가 범죄행위로 인하여 피해를 받은 국민에 대하여
국가가 적극적인 구조행위까지 하도록 규정하여

피해자의 기본권을 생존권적 기본권의 차원으로 인정하였다.

【검사의 불기소처분 각하 사건】

검사의 불기소처분이 자의적인 경우 피해자의 기본권을 침해할 수 있어 헌법소원
의 대상이 될 수 있으나, 공소시효가 완성된 이후의 헌법소원은 권리보호 이익이
없어 헌법소원의 대상이 될 수 없어 각하

(헌법재판소 1989. 4. 17. 선고 88헌마3)

인간들이 모여 살면 범죄가 발생하기 마련입니다.

국가는

범죄가 발생하지 않도록 예방을 해야 하고,

범죄가 발생하였다면 범죄자를 처벌해야 합니다.

여기에 그치는 것이 아닙니다.

범죄의 피해자가 피해에서 회복할 수 있도록 도움을 주어야 합니다.

87

상당할 정도의 권리구제 실효성을 보장해야 한다

헌법 제30조의 범죄피해자구조청구권을 보장하기 위해서는
입법자의 광범위한 입법재량이 인정된다고 할 것이나,

단지 범죄피해를 입은 경우에
국가에 대한 구조청구권을 행사할 수 있는 형식적인 권리나
이론적인 가능성만을 허용하는 것이어서는 아니 되고,
상당한 정도로 권리구제의 실효성이 보장되도록 하여야 한다.

【범죄피해자구조법 합헌 사건】

청구기간은 5년으로 하고, 해외에서 발생한 범죄피해에 대해 구조 청구할 수 없도
록 규정한 것은 평등원칙이 위반되지 아니하여 합헌

(헌법재판소 2011. 12. 29. 선고 2009헌마354)

국가가 범죄 피해자를 도와야 할 때 얼마나 도와야 할까요?

철학자 롤즈는
누구에게나 일어날 수 있는 일인데
불행하게도 그에게 발생하였다면 공동체 구성원 모두가 나서서
함께 그의 불행을 도와야 한다고 말합니다.

누구에게나 일어날 수 있는 일인데
불행하게도 범죄의 피해자가 되었다면
국가는 더욱더 적극적으로 그가 입은 피해를 구제해야 합니다.

88

죄 없는 사람이 구금되었다면

형사보상청구권은
국가가 형사사법절차를 운영함에 있어
결과적으로 무고한 사람을 구금한 것으로 밝혀진 경우
구금당한 개인에게 인정되는 권리이고,

헌법 제28조는 이에 대하여 '정당한 보상'을
명문으로 보장하고 있으므로,
따라서 법률에 의하여 제한되는 경우에도
이러한 본질적인 내용은 침해되어서는 아니 되기 때문이다.

【형사보상의 상한 및 불복금지 위헌 사건】

형사보상금의 범위를 제한한 규정은 형사보상청구권을 침해하지 않아 합헌이지만, 형사보상결정에 대해 불복을 금지한 규정은 형사보상청구권과 재판청구권을 침해하여 위헌

(헌법재판소 2010. 10. 28. 선고 2008헌마514)

죄가 없는데 누명을 쓰고 구속까지 되었다면 얼마나 억울할까요?

열 명의 범인을 놓치더라도
한 명의 무고한 사람을 처벌해서는 안 됩니다.

재판 결과 무죄 판결이 나왔다면
국가는 그에게 보상을 해 주어야 합니다.

이것이 형사보상청구권입니다.

89

상황이 바뀌면 신뢰보호도 변화한다

⚖️ ————

사회 환경이나 경제여건의 변화에 따른 정책적인 필요에 의하여
공권력행사의 내용은 신축적으로 바뀔 수밖에 없고,
그 바뀐 공권력행사에 의하여 발생된 새로운 법질서와
기존의 법질서와의 사이에는
어느 정도 이해관계의 상충이 불가피하므로

국민들의 국가의 공권력행사에 관하여 가지는
모든 기대 내지 신뢰가 절대적인 권리로서
보호되는 것은 아니라고 할 것이다.

【백화점 셔틀버스 운행금지 합헌 사건】

법률의 입법으로 백화점이 그동안 운행하던 셔틀버스를 더 이상 운행하지 못하게
되더라도 합헌

(헌법재판소 1996. 4. 25. 선고 94헌마119)

당시의 법률에 맞추어 행동을 하였다면 대체로 옳은 행동입니다.

그러나 법률도 시간이 지나면서 변할 수 있습니다.
그때는 법률에 따라 행동한 것이어서 대체로 옳은 행동이었지만
이제 와 생각해 보면 틀렸다고 보아야 하는 것도 있습니다.

다이내믹한 우리 인생의 많은 일도 그렇습니다.
그때는 옳았지만, 이제 와 생각해 보면 그다지 옳지 않았고,
그때는 틀렸지만, 이제 와 생각해 보면 사실은 옳았던 것이 있습니다.

90

형벌이 불법과 책임의 경중에 일치하도록

실질적 법치국가의 개념은
범죄에 대한 법정형을 정함에 있어
죄질과 행위자의 책임 사이에 비례관계가
지켜질 것을 요구한다.

입법자가 형벌이라는 수단을 선택함에 있어서는
그 형벌이 불법과 책임의 경중에 일치하도록 하여야 하고,

만약 선택한 형벌이 구성요건에 기술된
불법의 내용과 행위자의 책임에
일치되지 않는 과도한 것이라면
이는 비례의 원칙을 일탈한 것으로 헌법상 용인될 수 없다.

【단순매수 과중처벌 위헌 사건】

마약의 단순매수를 영리매수와 동일하게 처벌하는 규정은 지나치게 과중한 형벌을 규정한 것으로 실질적 법치국가의 원칙에 어긋나서 위헌

(헌법재판소 2003. 11. 27. 선고 2002헌바24)

실질적 법치주의에 따르면

잘못한 정도에 비례해서 형벌에 처해야 합니다.

나에게 서운한 행동을 한 사람에 대해

마치 살인을 한 죄인처럼 미워하지는 마세요.

실질적 법치주의에 어긋납니다.

자신의 실수에 대해서도

필요 이상으로 심한 죄책감을 가지지 마세요.

실질적 법치주의에 어긋납니다.

91

같은 것은 같게, 다른 것은 다르게

평등원칙은 행위규범으로서
객관적으로 같은 것은 같게 다른 것은 다르게,

규범의 대상을
실질적으로 평등하게 규율할 것을 요구하고 있다.

【국가배상법 합헌 사건】

법관의 잘못된 법률 적용으로 패소한 변호사가 법관에게 위법 또는 부당한 목적이
없더라도 법관을 다른 공무원과 달리 보아 국가배상책임을 인정해야 한다는 헌법
소원을 제기하였으나, 법관을 다른 공무원과 달리 볼 필요가 없으므로 평등원칙에
위반되지 아니하여 합헌

(헌법재판소 2021. 7. 15. 선고 2020헌바1)

평등이란

모든 것을 항상 똑같이 대하는 것이 아닙니다.

모든 것을 대체로 똑같이 대하기로 하되,

어떤 것을 다르게 대하여야 할 '합리적인 이유'가 있다면

그런 것은 다르게 대하는 것도 허용하는 것입니다.

실질적으로 평등해야 하기 때문입니다.

92

합리적인 이유가 있는 차별이라면

평등의 원칙은
일체의 차별적 대우를 부정하는
절대적 평등을 의미하는 것이 아니라,
합리적 근거 없는 차별을 하여서는
아니 된다는 상대적 평등을 뜻하고,

따라서 합리적 근거 있는 차별 내지 불평등은
평등의 원칙에 반하는 것이 아니다.

【국가유공자 연금차등지급 합헌 사건】

국가유공자의 상이등급에 따라서 기본연금지급에 차등을 두는 것은 합헌

(헌법재판소 2003. 5. 15. 선고 2002헌마90)

평등의 문제에 관하여 우리가 토론해야 할 것은

어떤 것과 어떤 것을 서로 다르게 대하고 있을 때

그렇게 대하는 '합리적인 이유'가 있는지를 따져 보는 것입니다.

당신과 친구의 성적이 다르다면, 그 합리적인 이유는 무엇인가요?

당신과 친구의 월급이 다르다면, 그 합리적인 이유는 무엇인가요?

93

법의 내용까지 평등해야 한다

우리 헌법이 선언하고 있는 법 앞에 평등은
행정부나 사법부에 의한 법 적용상의
평등만을 의미하는 것이 아니고,

입법권자에게 정의와 형평의 원칙에 합당하게
법률을 제정할 것을 명하는
법 내용상의 평등을 의미하고 있기 때문에

그 입법내용이 정의와 형평에 반하거나
자의적으로 이루어진 경우에는
평등권 등의 기본권을 본질적으로 침해한
입법권의 행사로서 위헌성을 면하기 어렵다.

【유기도주치사죄 법정형 위헌 사건】

과실로 사람을 치상하게 한 자가 구호행위를 하지 아니하고 도주하거나 고의로 유기함으로써 치사의 결과에 이르게 한 경우에 살인죄와 비교하여 그 법정형을 더 무겁게 한 것은 형벌체계상의 균형을 상실한 것으로서 위헌

(헌법재판소 1992. 4. 28. 선고 90헌바24)

평등한 사회를 만들기 위해서는

법을 만들 때부터 법 내용을 평등하게 만들어야 합니다.

그렇게 하지 않으면 위헌입니다.

예를 들어

고의로 사람을 죽인 범죄보다

과실로 사람을 죽인 범죄를 더 무겁게 처벌하는 법을 만들었다면

처벌의 차이에 합리적인 이유가 없으므로

그 법은 평등의 원칙에 반하여 위헌입니다.

94

법적가치의 상향적 실현

헌법이 규정한 평등의 원칙은
국가가 언제 어디에서 어떤 계층을 대상으로 하여
기본권에 관한 상황이나 제도의 개선을 시작할 것인지를
선택하는 것을 방해하지는 않는다.

말하자면
국가는 합리적인 기준에 따라 능력이 허용하는 범위 내에서
법적가치의 상향적 구현을 위한 제도의 단계적 개선을
추진할 수 있는 길을 선택할 수 있어야 한다.

【토지수용법 합헌 사건】

토지수용 시 객관적 가치에 대한 완전보상이 원칙이나, 공익사업을 통한 개발이익
까지 완전보상 범위에 포함되어야 하는 것은 아니므로 토지수용법은 합헌

(헌법재판소 1990. 6. 25. 선고 89헌마107)

모두를 완벽하게 도울 수 없다고 해서

그 누구도 돕지 않기로 하고

모두 함께 불행하게 지내자는 것은 하향적 평등입니다.

모두를 완벽하게 도울 수 없다면,

일단 가장 도움이 필요한 누군가를 먼저 돕고,

나중에 나머지를 도우면서,

점점 더 함께 행복해 보자는 것이 상향적 평등입니다.

헌법은 상향적 평등을 추구합니다.

95

인간의 존엄성에 맞는
건강하고 문화적인 생활

⚖️

모든 국민은 인간다운 생활을 할 권리를 가지며
국가는 생활능력 없는 국민을
보호할 의무가 있다는 헌법의 규정은

입법부와 행정부에 대하여는
국민소득, 국가의 재정능력과 정책 등을 고려하여
가능한 범위 안에서 최대한으로
모든 국민이 물질적인 최저생활을 넘어서
인간의 존엄성에 맞는 건강하고 문화적인 생활을 누릴 수 있도록
하여야 한다는 행위의 지침으로서 작용한다.

【보건복지부 생계보호기준 합헌 사건】

국가의 생계보호기준을 결정은 국가가 생계보호에 관한 입법을 전혀 하지 아니하
였다든가 그 내용이 현저히 불합리하지 않은 한 합헌

(헌법재판소 1997. 5. 29. 선고 94헌마33)

헌법은

국가가 국민의 인간다운 생활을 보장해야 한다고 말합니다.

그러나 인간다운 생활은

국가의 재정능력이 뒷받침되어야 가능한 것입니다.

그래서 국가가

생계보호에 관한 입법을 전혀 하지 않았거나

생계보호에 관한 내용이 현저히 불합리하여

용인될 수 없는 경우에만 위헌입니다.

최소한의 생계는
보장해드리겠습니다.

96

사회복지의 증진에 노력할 의무

⚖

한정된 재원으로 유족급여 등의 사회보장급부를
보다 절실히 필요로 하는 사람들에게
복지혜택을 주기 위해서는
보다 그 필요성이 절실하지 않은 사람들을
배제하지 않을 수 없다.

아직 우리의 사회보장 수준은 이들에 대하여서까지
유족급여를 지급할 만큼 성숙되어 있지 않은 것이
안타까울 뿐이다.

【공무원 연금수급권 합헌 사건】

18세 이상의 자녀에게 공무원연금의 유족급여 받을 권리를 인정하지 않은 것은
합헌

(헌법재판소 1999. 4. 29. 선고 97헌마333)

우리에게는 시간, 자원, 노력이 한정되어 있습니다.

모든 일을 잘하려고 한다면 아무 일도 제대로 못하게 됩니다.

반드시 필요한 몇 가지에 시간, 자원, 노력을 집중해야 합니다.

국가에게도 시간, 자원, 노력은 한정되어 있습니다.

모든 사람들 도우려 한다면 아무도 제대로 돕지 못하게 됩니다.

복지 혜택이 절실히 필요한 사람을 선별하여 도울 수밖에 없습니다.

97
고용증진을 위한 정책

근로의 권리는 사회적 기본권으로서,
국가에 대하여 직접 일자리(직장)를 청구하거나
일자리에 갈음하는 생계비의 지급청구권을
의미하는 것이 아니라,
고용증진을 위한 사회적·경제적 정책을
요구할 수 있는 권리에 그친다.

근로의 권리를 직접적인 일자리 청구권으로 이해하는 것은
사회주의적 통제경제를 배제하고,
사기업 주체의 경제상의 자유를 보장하는
우리 헌법의 경제 질서 또는
기본권규정들과 조화될 수 없다.

【국가보조연구기관 통폐합 합헌 사건】

국가에 대한 직장존속보장청구권은 인정되지 않으므로 국가 보조 연구기관을 통폐합함에 있어 재산 승계만 인정하고 근로관계를 승계하지 않아 직장을 잃게 되었다고 하더라도 합헌

(헌법재판소 2002. 11. 28. 선고 2001헌바50)

근로의 권리가 일자리를 청구할 수 있는 권리가 아니라는 것은
이해했습니다.
하지만 경제를 살리고 고용을 증진시켜 줄 유능한 정부가 있었으면
좋겠습니다.

"바보야, 문제는 경제야(It's the economy, stupid)."
빌 클린턴을 미국의 대통령에 당선시킨 말입니다.

경제를 살리고 고용을 증진시켜 줄 유능한 정부가 있다면
근로의 권리가 아니라 선거의 권리를 기꺼이 행사하겠습니다.

98

근로 3권이 실질적으로 기능할 수 있도록

국가는 입법조치를 통하여
헌법 제33조 제1항이 보장하는
근로 3권을 보장할 의무가 있다.

입법자가 근로자단체의 조직, 단체교섭, 단체협약,
노동쟁의 등에 관한 노동조합 관련법의 제정을 통하여

노사 간의 세력균형이 이루어지고
근로자의 근로 3권이 실질적으로
기능할 수 있도록 하기 위하여
필요한 법적 제도와 법규범을 마련하여야 한다.

【노동조합 과세 합헌 사건】

노동조합을 공익사업체에게 부여하는 비과세 혜택 대상으로 규정하지 않은 것은
합헌

(헌법재판소 2009. 2. 26. 선고 2007헌바27)

인간의 역사는 노동의 역사입니다.

노동의 역사에서 노동조합은 불가피한 제도입니다.

헌법은 노동조합에 대하여,

국가로부터 부당한 침해를 받지 않도록 하면서도,

국가로부터 적절한 지원을 보장받도록 하고 있습니다.

99
노동을 통해서 인간의 긍지를 찾는다

⚖️

장애인은 그 신체적·정신적 조건으로 말미암아
유형·무형의 사회적 편견 및 냉대를 받기 쉽고
능력에 맞는 직업을 구하기가 지극히 어려운 것이 현실이므로,
장애인의 근로의 권리를 보장하기 위해서는
사회적·국가적 차원에서의 조치가 요구된다.

장애인들은 일을 통한 경제적 자립뿐만 아니라
노동에서 소외되지 않았다는,
즉 노동을 통해서 인간의 긍지를 찾기를 바라는 것이다.

장애인고용의 이념은 처음에는 경제적 관점에서 출발하였으나
그 후 장애인들의 이와 같은 절실한 인간적 요구를 기초로 한
인권보장적 노동관에 근거하여 발전되어 왔다.

【장애인고용의무제 합헌 사건】

기업으로 하여금 일정 비율 이상 장애인을 고용할 의무를 부담하게 하는 것은 사회, 경제적 약자인 장애인의 인간다운 생활을 보장하기 위한 것으로 합헌

(헌법재판소 2003. 7. 24. 선고 2001헌바96)

일이란

돈벌이 이상의 의미를 가지고 있습니다.

일을 하면서 다른 사람과 소통하고 협력하는 경험을 하며

일을 하면서 나의 존재 가치를 발견하는 기회를 갖습니다.

일을 통해 '인간으로서의 긍지'를 찾을 수 있습니다.

장애인은 일할 수 있는 기회를 갖기가 쉽지 않습니다.

국가는 장애인에게도 '인간으로서의 긍지'를 찾을 수 있도록

적극적인 조치를 취해야 합니다.

100

시각장애인만 안마사를 할 수 있다면

⚖️

장애인에 대해서 인간다운 삶은
다른 국민과 마찬가지로 자신의 능력에 맞게
인격을 발현할 수 있는
직업 활동을 통해 생존의 조건을 갖추어가는 것이므로,

직업을 갖고 사회활동을 하는 것이
시각장애인의 직업의식을 고양하고
소외감을 방지할 수 있을 것임은 당연하다.

시각장애인의 상당수가 후천적인 원인에 기하여
발생한다는 점에서 알 수 있듯이
일반국민도 언제든지 장애인이 될 수 있는 점을 염두에 둔다면,
장애인, 특히 시각장애인을 우대한다고 하여
일반국민에 대한 부당한 차별이 된다고 보기도 어렵다.

【안마사 비맹제외 합헌 사건】

시각장애인만 안마사 자격인증을 받을 수 있도록 한 것은 시각장애인 아닌 사람의
직업선택의 자유와 평등권을 침해하지 않으므로 합헌

(헌법재판소 2008. 10. 30. 선고 2006헌마1098)

철학자 롤즈는

누구에게나 일어날 수 있는 일이 불행하게도 그에게 발생했다면,

공동체 구성원 모두가 나서서 그의 불행을 도와야 한다고 말합니다.

장애와 같이 누구에게나 일어날 수 있는 일인데 불행하게도 그에게

발생한 일이라면 사회가 함께 책임을 나누어야 하지 않을까요?

이것이 정의로운 사회입니다.

슬쩍 보는 헌법

초판 1쇄 발행 2024년 10월 21일
초판 2쇄 발행 2024년 11월 6일

지은이 심독토 북클럽
발행인 황영일

기획자 황영일, 고지훈, 류가영
편집자 김화영
디자인 경놈
일러스트 류가영
마케팅 안시현

펴낸곳 백북하우스
사업자 2024. 5. 3. 제363-96-01941호
주 소 서울 강남구 테헤란로38길 6 8층
전 화 02-501-7199
팩 스 02-538-7103
이메일 100bookhouse@naver.com
블로그 blog.naver.com/100bookhouse
인스타 @100bookhouse

ISBN 979-11-988085-0-9 03300